遇见科学

主 编　苏国民

副主编　尹传红

北京理工大学出版社

BEIJING INSTITUTE OF TECHNOLOGY PRESS

图书在版编目（CIP）数据

遇见科学／苏国民主编 . — 北京：北京理工大学出版社，2019. 12
ISBN 978-7-5682-8021-1

Ⅰ.①遇… Ⅱ.①苏… Ⅲ.①科学知识—普及读物 Ⅳ.① Z228

中国版本图书馆 CIP 数据核字（2019）第 281873 号

出版发行／北京理工大学出版社有限责任公司
社　　　址／北京市海淀区中关村南大街 5 号
邮　　　编／100081
电　　　话／（010）68914775（总编室）
　　　　　　（010）82562903（教材售后服务热线）
　　　　　　（010）68948351（其他图书服务热线）
网　　　址／http：//www.bitpress.com.cn
经　　　销／全国各地新华书店
印　　　刷／雅迪云印（天津）科技有限公司
开　　　本／710 毫米 × 1000 毫米　1/16
印　　　张／13.5　　　　　　　　　　　　责任编辑／李慧智
字　　　数／200 千字　　　　　　　　　　文案编辑／李慧智
版　　　次／2019 年 12 月第 1 版　2019 年 12 月第 1 次印刷　　责任校对／周瑞红
定　　　价／69.00 元　　　　　　　　　　责任印制／王美丽

编委会

前　言

　　进入 21 世纪，随着党和政府的不断努力，人民群众的物质和精神生活水平不断提高，实现全面建成小康社会的总体目标，需要全社会共同努力。科学技术是第一生产力，为了促进本地区公民更好地学科学、爱科学、用科学，我们实施了大量举措，其中包括邀请众多科技界和科普界的大家、名家到现场给北京市的老百姓做一场又一场精彩的报告，这些报告主题丰富，类型多样，内容涉及理论基础、前沿科技、思想方法、时事热点、未来发展、国家规划、重大工程、医疗保健、科学文化、日常生活等方方面面。

　　十几年来，报告和讲座惠及数以万计的本地观众，很多人成为铁杆粉丝，活动地点在哪里就跟随到哪里，坚持不懈地来听科学家做报告，长期坚持下来受益良多。现场交流虽然备受公众欢迎，但是受到地点和场地大小限制，覆盖的观众数量毕竟有限。为了照顾到更多的受众，有必要将一些专家和他们的精彩报告整理成文字、音频、视频通过各种媒体途径向更广大的范围传播。在现代的传播方式中，除了社交媒体上的音视频录像和在线直播，传统的印刷出版依然是科学传播的重要方式，因此，选择部分热点报告和文章整理成书出版，是我们一直坚持做的工作，也受到了老百姓的欢迎。

这次由于出版图书的篇幅所限，我们根据本年度报告主题和内容精选了 14 位专家的报告或文章整理成册，提供给更多的朋友欣赏、收藏以及再学习。我们编选的文章，小范围内既有相似学科门类的不同文章，整体上看也包含了相距较远的不同专业领域，尽量做到覆盖面广，类型多样，又有一定系统性。例如，随着我们国家经济实力的不断增强，参与地球外太空研究，推进这种高技术前沿探索是体现国家能力的重要指标，我们已经在太空领域进行了大量的工作，有些甚至处于世界前列，向老百姓普及相关知识，介绍我国科学家取得的成就，对于增强大众的自信心和自豪感尤为重要，为此本书收录了来自国家天文台郑永春研究员的《人类移民火星之路》、中国空间技术研究院总体设计部尤睿研究员的《航天探索征途路漫漫——航天科技的大厦就是这样建起来的》，以及中国空间技术研究院庞之浩研究员的《精彩纷呈的中国探月》等几篇文章。另外，我们还编选了医学领域中百姓关注的癌症预防、器官移植的文章，生物食品领域关于植物知识的文章，以及气象、海底能源物质、概率和思维习惯的文章，这些文章一方面普及科学知识，另一方面在介绍知识的同时向大家传递科学思想的方法、观念。

长期以来，我们注重科学知识的普及，轻视了科学思想、科学方法和科学精神的传播。在社会发展水平达到一定程度之后，就需要结合社会真正需求，推动科普理念与实践双升级，这也是我们出版本书的初衷。

　　感谢北京人民广播电台节目制作中心对科普活动的组织报道与支持，感谢所有工作人员的辛劳付出，感谢北京理工大学出版社对本书的精心编辑。

　　由于编者水平有限，如有不当之处，敬请批评指正。

编委会

目
CONTENTS
录

生命医学解码

奇妙的万事万物

太空探索

01

航天探索征途路漫漫
——航天科技的大厦就是这样建起来的

◎ 尤　睿
中国空间技术研究院

一、从"嫦娥四号"谈起

　　2019 年 1 月 3 日 10 时 26 分，我国"嫦娥四号"月球探测器（如图 1 所示）顺利降落在月球背面的艾肯特盆地中，这是人类第一次将人造物体着陆在地球上看不见的月球背面，也标志着我国空间技术又向前推进了一步。

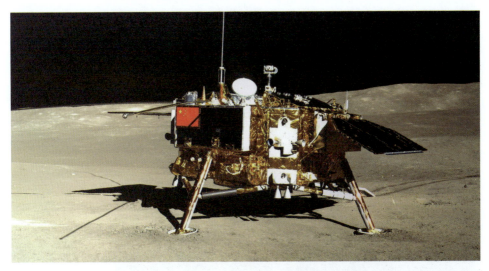

▲图 1 　"嫦娥四号"月球探测器（由巡视器拍摄）

自 1957 年苏联发射第一颗人造卫星以来，截止到 2019 年年底，全球卫星在轨数量达千颗以上，其中美国近 500 颗、中国近 300 颗、俄罗斯 150 颗，其余为欧、日诸国所有，单从数量上看我国是名副其实的航天大国。

从"嫦娥四号"的整个过程可以看到，要完成宇宙的探索，需要知道去的路径、如何飞过去、如何通信、如何感知着陆器的离月高度及自己的位置、姿态信息及降落点的周边环境等，所有这一切，都是人类千年在科学道路上探索所形成的知识与技术积累的综合表现，其前期的道路是漫长而艰辛的，下面就让我们一起来回顾这一曲折而精彩的历程。"嫦娥四号"巡视器如图 2 所示。

◀ 图 2 "嫦娥四号"巡视器（由着陆器拍摄）

二、从梦想到猜想

地球孕育了世间万物，也催生了人类文明，然而，人类从未停止过对浩瀚太空的向往。人类自古以来就梦想着能像鸟一样在天空中翱翔，同时更想了解星空是什么，因此有了希腊神话中伊卡洛斯用羽毛和蜡制成双翼飞向太阳的故事，有了中国《西游记》中天宫的故事。从嫦娥奔月的古老神话，到凡尔纳从地球到月球的科学幻想，到敦煌壁画中婀娜多姿的飞天，生活在地球上的人类一直渴望挣脱地心引力，探索广阔无垠的宇宙空间，但这些都是美好的想象。飞机的发明让我们的梦想变成了现实，火箭的发明使得人类飞得更高更远。然而，人类的飞天梦想却经历了从幻想到冒险，从理论探索到实践创新的千年漫长过程。

陶成道，是明朝一位官员，官职是"万户"。陶成道飞天也叫"万户飞天"。根据资料记载，万户陶成道在一把座椅的背后，装上47枚当时能买到的最大火箭。他把自己捆绑在椅子的前边，两只手各拿一个大风筝，然后叫他的仆人同时点燃47枚大火箭。陶成道可称人类探索飞行的第一人，由于没有科学的理论指导与技术设计，他的试验注定了失败的命运，他也为此而献身。

三、从猜想到观测、规律总结

要实现美好愿望与梦想，必须发现与认识自然规律，通过利用自然规律做出可用产品来实现，否则就永远是一场梦。人类的发展经历了蒙昧、神学、理性、现代四个时期。最早的理性思维要算是古希腊几何学，典型代表有欧几里得（约公元前 330—约前 275 年）、阿基米德（公元前 287—前 212 年），其中平面几何与物理学中的浮力定律仍然是中小学必须学习的基础。

托勒密（90—168 年）在总结亚里士多德观点的基础上加上自己观测的结果，提出了地心说，即各行星都在较小的圆周上运动，而每个圆的圆心又在以地球为圆心的圆上运动。他较为圆满地解释了当时观测到的行星运行情况，是人类对宇宙天体运动理性思维的第一人，在当时具有很大的进步意义，此理论一直延续了千年。

哥白尼（1473—1543 年）总结前人的研究成果并结合自己的观测数据提出了日心说，即地球一边自转一边围绕太阳运转，其他行星也是如此，哥白尼将他的观点写在了他的《天体运行论》里。这是一个革命性的学说，比地心说进了一大步。

伽利略（1564—1642 年，如图 3 所示）是坚定的日心说支持者，他在实验的基础上融汇了数学、物理、天文学的知识，发现了自由落体、加速度、相对性定律，这是经典力学的基础之一。

开普勒（1571—1630 年，如图 4 所示）在总结他的老师第谷（如图 5 所示）的观测数据的基础上，总结出天体运行的三大定律——椭圆轨道定律、面积速度定律与周期定律，是将行星运行轨道用数学精确表达的第一人。开普勒虽然总结了行星的运动规律，但并不能解释行星为何是这样运动的问题，为后人留下了研究的空间。

牛顿（1643—1727 年，如图 6 所示）在前面几个巨人的基础上，提出了万有引力定律与运动三大定律，是经典力学完美的终结者。从牛顿定律推演出的动量守恒定理，解决了运动的能量问题，是喷气推进技术的理论基础，同时从牛顿定律很容易推导出人类逃出地球引力的最小速度（7.9千米／秒）。此外，牛顿对高等数学的贡献也十分巨大，他逝世后，与很多国王和大主教一样，安葬在伦敦的威斯敏斯特大教堂里，足见其地位。

麦克斯韦（1831—1879年，如图7所示），英国的物理学家、数学家，总结了库伦、高斯、法拉第等人的研究结果，引入了位移电流的概念，用数学的方法提出了电磁关系的四个方程的方程组，被称为麦克斯韦方程组，完美解释了电磁现象，他是经典电动力学的完美终结者。可以说，牛顿力学与麦克斯韦电动力学是解释宏观世界现象的最重要的基础。

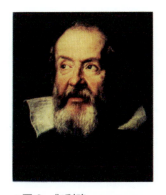
▲图3　伽利略

▲图4　开普勒

▲图5　第谷

▲图6　牛顿

▲图7　麦克斯韦

四、从认识自然规律到应用自然规律

牛顿力学与麦克斯韦电动力学只是从理论上解释了动力与电力的规律，但并未涉及如何产生这些力，因此需要应用这些原理来为人类服务，工程师的职业就横空出世了。

在前面两个经典力学的基础上，一些技术应运而生。1781—1782 年，瓦特发明了效率高的蒸汽机，到 1790 年，瓦特蒸汽机几乎全部取代了老式的蒸汽机。瓦特蒸汽机对整个工业技术产生了巨大影响，为整个工业提供了一种"万能的原动机"。1801—1804 年，蒸汽机在棉纺织业已普遍采用，接着又迅速扩展到其他轻、重工业部门。1825 年，英国建成第一条营运铁路。1834 年发明了电动机。

1876 年，德国人奥托根据法国人德罗夏的内燃机理论，制造出第一台汽油机（四冲程）。汽油机的重量功率比从开始的 200 千克／马力[①]，到 1920 年的 1 千克／马力，为航空的动力提供了可能，到 20 世纪 30 年代，发展到 0.5 千克／马力。1879 年，德国西门子研制成功第一台电力机车。1892 年，德国人狄塞尔发明了柴油机。

1876 年美国人贝尔发明了电话，1892 年纽约芝加哥的电话线路开通，贝尔第一个试音："喂，芝加哥。"这一历史性声音被永远记录了下来。

1902 年意大利人马可尼（如图 8 所示）实现了海上无线电通信，实现了信息的远距离非接触传输。

1924 年俄国在德国帮助下制造出第一辆柴油机车。

———————————

① 1 马力 =0.735 千瓦。

◀图 8　马可尼

这些发明为后来航天技术的发展打下了理论与技术基础。

俄罗斯齐奥儒可夫斯基（1857—1935 年，如图 9 所示），提出火箭的速度公式 $V=C \cdot \ln (M_o/M_k)$，其中 V 为火箭的速度，C 为火箭喷出燃料的速度，M_o 为火箭的初始质量，M_k 为火箭的最终质量。从公式可以看出如果要获得更高的火箭速度，必须提高火箭喷出燃料的速度，以及火箭本身携带更多的燃料和减少火箭自身的质量。这个原则至今仍然是提高喷气推进系统效率的基本公式。齐奥儒可夫斯基生前写过 700 余篇论文，奠定了液体火箭推进的基本原理。他曾经说过："地球是人类的摇篮，但人类不能总在摇篮里生活。"科学大师的宣言激励着人类的飞天梦想。

美国的戈达德（Goddard，1882—1945 年，如图 10 所示），于 1926 年 3 月 16 日发射了世界上第一枚液体火箭。戈达德共获得了 214 项专利，其中 83 项专利在他生前获得，同时他在理论上也做了大量工作。但他的工作并未得到美国政府的重视与支持，一直是个孤独的科学家，导致他逝世时，美国的火箭技术远落后于德国。直到 1961 年苏联加加林上天后，美

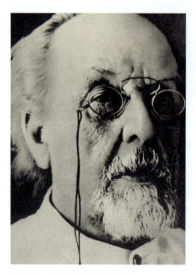

▲图9　齐奥儒可夫斯基　　　　　▲图10　戈达德

国公开发表了戈达德的全部研究报告，并称他为"美国火箭之父"。设立于1959年的美国国家航空航天局戈达德太空飞行中心就是以他的名字命名的。月球上的戈达德环形山（Goddard Crater）也以他的名字命名。

　　由于战争的需求，德国的V-1导弹是世界上最早（1944年）投入实战的巡航导弹，德国的V-2导弹是世界上最早（1942年首飞，1944年投入战争）投入实战的弹道导弹，总设计师是冯·布劳恩（1912—1977年，如图11所示），战后他带领团队投奔美国，是阿波罗登月工程的"土星五号"运载火箭的总设计师，也是航天飞机最初的总设计师，为美国的航天事业做出了杰出贡献。

　　以上这些20世纪初的技术发明，使人类飞天的幻想逐步变为现实，从创立航天理论到制造登天工具，经过几代人的探索和努力，实现了一次又一次壮举，在通往太空漫长的道路上，记录下了人类为梦想而奋斗的足迹。

五、美苏争霸——创造航天的辉煌

"二战"后，美苏两国都从德国的火箭工业中获益匪浅，美国接收了德国的火箭科学家与工程师团队，苏联缴获了德国的火箭制造设备与工人。在最初的美苏争霸中，苏联在总设计师科罗廖夫（1907—1966年，如图12所示）带领下为苏联在航天方面争得头筹，于1957年10月4日发射了世界上第一颗人造卫星Spunik-1，随后1961年4月12日，发射了第一个载人飞船，宇航员为加加林，这两件事件永载人类的科技史册。

▲图11 冯·布劳恩

▲图12 谢尔盖·科罗廖夫

美国在苏联发射了第一颗人造卫星后，对火箭的研发机构重新进行了调整，将分散在陆军、空军、海军的研发力量整合，成立了统一的国家航空航天管理机构，这就是著名的NASA，从此美国的航天事业走入了快车道。美国总统肯尼迪（1960年11月当选）上台后，经过调研，认为美国有能力将宇航员送上月球，因此于 1961 年正式批准了旨在超过苏联的"阿波罗"登月工程，目标是 10 年内实现人类登月，最终美国做到了。与苏联的航天计划的秘密性不同的是，"阿波罗"登月工程始终是一项透明的计划，从开始策划到每一重要节点，到发射、登月、返回，整个过程公开透明，很多还是通过卫星进行全世界电视实况转播，充分表现了美国的自信。1969 年 7 月 16 日，火箭巨无霸——"土星五号"火箭，载着"阿波罗 11 号"飞船点火升空，20 日在月球着陆，阿姆斯特朗第一个走出舱体，这是人类第一次登上地球之外的大地。在接触了月表的大地后，他发出了"这是我个人的一小步，却是人类的一大步"的著名感言，瞬间传遍全球。24 日，3 名宇航员携带 22 千克的土壤回到地球，标志着登月圆满成功，在与苏联的太空竞赛中扳回了重要一局，从此美国的航天技术遥遥领先于苏联。之后几年又陆续发射了阿波罗 12、13、14、16、17 号，其中除 13 号飞船因服务舱液氧箱爆炸中止登月，安全返回外，其余全部成功登月并返回。美国还利用"土星五号"火箭，于 1973 年发射了 110 吨的太空实验室，是现在空间站的先驱。

此外，在 1961—1973 年的太空美苏竞赛期间，一大批新型卫星在美国诞生，遥感卫星、通信卫星、气象卫星、导航（子午仪）卫星、空间科学卫星等，起到了通过太空造福人类的作用。

六、航天为人类服务

（一）军事用途

1960 年 8 月 10 日美国发射了第一颗照相侦察卫星"发现者 1 号"，并成功回收，开创了照相侦察卫星的先河。随后"发现者 1 号"对苏联的洲际导弹的数量进行了侦察，证实了苏联的导弹没有他们吹得那么多，只有十几枚，这极大增强了美国研发导弹的信心。1962年古巴导弹危机中，该卫星发现了苏联在古巴的导弹设施，为成功化解危机做出了重大贡献。

1971年美国发射了巨型照相侦察卫星——"KH-9大鸟"，分辨率可达0.5米，可作为战术侦察卫星使用，在20世纪80年代的马岛战争、打击利比亚的战争（"草原烈火""黄金峡谷"行动）中发挥了重要作用。

1958年美国为了给舰艇导航定位，研发了第一代导航定位卫星——"子午仪星座"，共有6颗，运行高度1 000千米，定位精度500米以内，1964年部署完毕并投入使用，是现今GPS的先驱。

（二）民用用途

从1961年起美国陆续发射了多颗实验性通信卫星，对用卫星进行中继通信的可能性与技术进行了探索研究，实验表明完全可行，有覆盖区域大的优点。1964年10月第18届奥运会在东京举行，美国利用"辛科姆-3"通信卫星进行了电视实况转播，开创了商用卫星的先河，从此，通信卫星的技术进入飞速发展期。2002年的最新的通信卫星转发器可达150个（理论上可同时转发1 000路以上的普通电视节目或13万路双向电话），寿命15年，是跨大洋通信与电视广播的主力。直到2000年后全球海底光缆铺设完成并投入营运，通信卫星的市场才出现颓势。

从1960年起，美国研制发射了多颗气象卫星，后来改为地球环境卫星，在气象预报、气候变化研究、大气环境研究中发挥了重要作用，已成为各国每天离不开的、不可替代的应用卫星。

从1972年起，美国研制了陆地系列民用遥感卫星，用于探测地球资源与环境，目前已发展到10号，在农业、水资源、植被监测等领域发挥了重要作用。

（三）科学用途

人造卫星的第一用途就是科学研究。苏联的第一颗卫星上搭载了探测电离层的电子探测器。1966 年 4 月 8 日美国发射世界上首个天文卫星"OAO-1"用于测量宇宙的可见光到 Gamma 范围的辐射与吸收特性。该卫星重 1.8 吨，整星控制精度为 1′。第二年发射了"OAO-2"卫星，获取了大量的地面测不到的宇宙射线数据。截止到目前，全球共发射了 100 多颗空间科学探测卫星，由此获得过 4 次诺贝尔物理学奖，其中有著名的"旅行者（Voyager）1 号"与"旅行者 2 号"探测器和哈勃空间望远镜。1977 年 9 月 5 日发射的"旅行者 1 号"探测器与同年 8 月 20 日发射的"旅行者 2 号"探测器，飞往土星后又飞往木星、天王星、海王星，拍摄了大量照片，发现了海卫 1 卫星是自转方向与公转方向逆行的卫星。这两个探测器还在继续飞行，目前已飞行了 100 亿千米，是飞得最远的探测器。1990 年发射的哈勃望远镜，目前仍然在工作。在轨道上探测宇宙，没有了大气的影响，可以获得更清晰的图像，同时可以获得全电磁谱段的信息，对宇宙射线、空间粒子、X 射线与 γ 射线的探测有独特的优势，可以用来研究宇宙起源、宇宙大爆炸、黑洞、中子星、白矮星、引力波、地球重力场分布等方向的问题，探测更远的星系，寻找类地球行星。

七、中国的加入与成就

1968 年 2 月 20 日，中国空间技术研究院（航天五院）正式成立，同年 4 月总体设计部成立，统一了分散在科学院、七机部、军队的研究力量，使得国内第一颗人造卫星的研制走入正轨。1970年4月24日我国成功发射第一颗人造地球卫星"东方红一号",自此,我们的航天事业处于不断的发展和进步中,逐渐地我们在太空有了自己的位置。

自发射"东方红一号"卫星以来,特别是改革开放后,中国的空间事业走上快车道。1984年我国研制的第一颗通信卫星"东方红二号"进入36 000千米的静止轨道。1996年我国第一颗传输型遥感卫星"资源一号"发射入轨。1997年我国第一颗静止轨道气象卫星"风云二号"A星投入运营。2000年我国第一代导航卫星"北斗一号"发射升空。2003年10月15日,搭载着杨利伟的"神舟五号"飞船飞入太空,这是我国第一次将人送入太空。2005年10月12号,"神舟六号"升空,费俊龙、聂海胜成为继杨利伟之后进入太空的人。

千年梦想一朝成真。2007年10月24日,全世界的目光都聚焦到了中国四川的西昌卫星发射基地,18点5分,满载着中华民族千年的飞天梦想,也满载着中国人民赶超世界先进科学技术的远大志向,"长征三号甲"运载火箭搭载着"嫦娥一号"探月卫星腾空而起,开始了漫长的38万千米探月之行,从而使中国成为开发和掌握探月技术的后起之秀,在人类探月史上写下了浓墨重彩的一笔。

2010年10月1日"嫦娥二号"发射获得了圆满成功,这次发射也为下一次的月球软着陆进行了一些铺垫性的工作和实验。2013年12月14日,"嫦娥三号"在月球成功着陆。2016年我国成功地发射了"神舟十一号",2016年11月18日下午"神舟十一号"顺利返回着陆。2017年6月15日,我国首个空间天文卫星"慧眼号"发射升空。与此同时,我国卫星、飞船上的绝大部分部件实现了国产,很多芯片也实现了自主研发。自主可控,目前我国已形成以通信、遥感、导航等应用卫星为主干,以深空、空间科学研究为两翼的门类与产业链齐全的研发制造一体的空间产业规模体系。2018年，我国发射卫星数量达44颗，位居全球第一。

这些卫星中，通信、遥感、导航、气象等应用型卫星，在国民经济与国防领域发挥了不可替代的作用，在灾害预报、减灾、交通、航空安全、电视广播、军事通信、国土普查、国土开发与监测中具有重要经济价值，提高了人民的生活质量。载人飞船与深空探测的成功实施，极大地提高了中国人的民族自豪感以及中国的国际地位与影响力。

据初步统计，全球共发射空间科学探测与实验类卫星230余颗（其中高能卫星及搭载共计103颗），包括美国、欧洲、俄罗斯、中国、日本、印度等各国家和地区。2010年前，我国的科学卫星少之又少，特别是高水平的大型科学卫星基本上是空白，国内科学家研究所用的数据基本上是从国外卫星数据库得来，因此亟待发展我国高水平的科学卫星。2011年3月硬X射线调制望远镜（简称HXMT，后起名"慧眼"）卫星立项（如图13所示），该卫星是我国首颗大型空间X射线探测天文卫星。该卫星基于我

▲图13 慧眼卫星

国学者 20 世纪 90 年代末提出的直接解调成像方法，在遥感 ZY1000B 平台基础上做了适应性改进，能实现宽谱段、高灵敏度、高分辨率宇宙 X 射线观测；在世界现有 X 射线天文卫星中，具有国际先进的暗弱变源巡天能力，独特的多波段快速光变观测能力，以及拓展的 300keV-3MeV 能段 γ 射线暴探测能力等优势。

截至目前，HXMT 卫星的观测目标包括：全银道面扫面、脉冲星、超新星爆发遗迹、黑洞双星、中子星双星、河外天体源和空天区 。取得的主要科学成果如下：

- 银道面扫描。截止到 2018 年 11 月底，HXMT 卫星对 22 个银道面共进行了 788 次小天区扫描，对 600 个天体源的流强变化进行了观测。

- 对 γ 暴的观测。截止到 2018 年年底，HXMT 共发现 130 多个 γ 暴，此数据与预期基本一致，其中 50 个列入了全球 γ 暴观测网数据，其中的 20 个为 HXMT 首先发布。

- 定点观测。发现已知脉冲星中能量的回旋吸收线，GRO J1008-57 是大质量 X 射线双星，其轨道周期是 249 天，自转周期 97.3 秒。在以往对该源的观测中，怀疑存在 78~88keV 的回旋吸收线。利用慧眼 HXMT 的观测数据，我们发现了超过 20 倍 sigma 显著性、线芯能量是 85keV 的回旋吸收线。这一发现是当前已知脉冲星中能量最高的回旋吸收线，也是磁场最强的脉冲星，对应的磁场强度为 7.6（1+z）E12 高斯。

- 首次在 I 型 X 射线暴中发现硬 X 射线的缺失。慧眼在中子星 X 射线双星 4U1636-536 中的一个 I 型暴就发现了这种现象，即在 40~70 keV 的光变曲线中，发现了硬 X 射线的缺失；其中首次在暴峰值（1 秒）的能谱中发现了硬 X 射线的缺失。而之前 RXTE/PCA 类似的结果则是合并约 100 个暴，信噪比有显著提升。同时也证明慧眼 HXMT 在观测该类研究的观测优势。

- 发现了高于 150 keV 的黑洞双星系统的准周期振荡，HXMT 对黑洞暂现源 MAXI J1535-571 和 MAXI J1820+070 的观测，首次得到了宽波段（1~200 keV）的 QPO 观测性质。我们的研究结果表明，在大于 10keV 的区域，QPO 的幅度 rms 不同源存在不同的规律性。

- 在人类发现的第一个宇宙 X 射线源天蝎座 X-1 中发现了最高能量的千赫兹准周期振荡。

- 国外发表 6 篇论文、国内发表 4 篇，国际会议论文 5 篇、国内会议 3 篇。专利 6 项，软件著作权 6 项，集成电路布线设计 6 项。

八、中国的航天精神

根据 2019 年 1 月科学院战略咨询研究院的《中美科技水平评估》报告中，在 10 大领域与 120 项技术中，中国处于世界领先的第一梯队的只有航天及其相关技术，这样的评价实属来之不易，这是一代又一代航天人奋斗的结果。自力更生、自主创新、坚持到底是航天的生命线，也是航天的核心价值观，"严慎细实、特别能吃苦、特别能战斗"的工作作风是航天精神的具体体现。要严格状态控制，精心操作，不忘初心，保证卫星发射圆满成功，在轨稳定运行，为国家安全、人民生活提供必要的工具，不辜负全国人民的期望。

九、新的高度——新的自然科学规律

飞机的发明，给人类提供了三维的活动空间，开阔了视野，实现了人类两天环绕地球一周的梦想，如今乘飞机旅行早已是普通人的生活方式。进入太空时代后，人类的视野更扩大了一步。

如果在 500 千米的轨道上放置一颗卫星，绕地球一周只需要一个半小时，因此航天技术的出现与发展，极大扩展了人类视野，提高了人的观测能力。总的来说，航天技术给人类带来的进步体现在以下三个层次：

- 在宇宙学层面，发现了宇宙射线与宇宙粒子，使得人类对黑洞、宇宙暗物质、致密天体（白矮星、中子星）和极端条件下（极高温、极高磁场）物理过程有了深入了解，并对相对论、宇宙膨胀、引力波、宇宙大爆炸等物理理论进行了验证。

- 在技术层面，由于卫星上指标的需求，极大提高了人类对技术追求的极限，一些新的材料、元器件、工艺、测试技术应运而生，如哈勃空间望远镜卫星，其镜头炭化硅材料具有极低的热膨胀系数，镜头直径 2.4 米，对材料与超精加工提出了新的要求，同时将整个卫星的稳定性控制提到了新的高度。最终，该卫星的精密导向与控制系统，使得卫星瞄准精度可达到千分之一毫角秒，相当于瞄准 1 万千米远的目标误差只有 5 厘米。新一代詹姆斯·韦伯空间望远镜，镜头直径 6.5 米，整个镜头由 18 个镜片在空间展开后形成，同时镜头温度处于零下 230 摄氏度，结构变形在纳米量级。

- 在普通人类收益层面，即应用层面，与人类生活密切相关的为导航、遥感（包括气象）与通信，其中导航与遥感又是紧密相连的。导航卫星如 GPS 与"北斗",能够定位每个人的经纬度,但究竟在什么位置,需要卫星遥感图片来指明。而通信卫星是向偏远的山区、边境地区传送电视信号的主要手段,海洋、沙漠、南北极地区的通信就是靠通信卫星。

十、未来航天的突破

经过 60 多年的发展,航天技术早已跨出了技术的探索阶段,进入了产业阶段的初期,即一大批关键技术与产品已成熟,快速发展期已过,进入平稳维持期,目前亟待新的需求、新的使命来拉动航天的进一步发展,维持技术与队伍的稳定。产业,是指具有规模经济的工业群,其核心是必须有规模的需求。导航、遥感、通信等应用型卫星市场需求基本饱和,亟待开发新的应用需求,形成新的应用产业。全球无隙缝的互联网、物联网是一项潜在的需求,但要做好盈亏平衡点。在深空探测方面,人类已飞出100 亿千米以上。空间探索想象力无限,是未来重要的增长点。根据目前的宇宙形成理论,太阳还有约 50 亿年就会变成白矮星,届时人类首先要经受太阳变成红巨星的高温烘烤,然后是漫长的冰冷世界,人类如何延续,是一重大问题。一个解决办法是将部分人类移居到其他环境类似地球的行星上,寻找这一类行星,以及研制更高速度的运载工具,将是航天长期发展的增长点之一。

02

精彩纷呈的中国探月

◎ 庞之浩

中国空间技术研究院

深空探测能够帮助人类研究太阳系及宇宙的起源、演变和现状，认识空间现象和地球自然系统之间的关系，并为人类今后开拓更为广阔的疆域打下基础，因而是人类了解地球、太阳系和宇宙，进而考察、勘探和驻留在太阳系内其他天体上的第一步。

我国的深空探测是从月球探测开始的，这是因为月球是离地球最近的一个星球，又蕴含着丰富的资源和能源，所以从技术性、科学性和经济性等方面讲，在深空探测领域先探测月球是符合科学规律的。

一、早期准备

因为探测月球有重大的技术、政治、科学和经济意义，所以随着经济和技术的发展，综合国力的提高，我国在开展了人造地球卫星和载人航天工程之后，于 2004 年适时开展了以月球探测为起点的深空探测活动。

其实，早在 1991 年，时任"863"计划航天领域首席科学家的闵桂荣院士就提出了中国应开展月球探测活动的建议，并成立了"863"月球探测课题组。

20 世纪 90 年代中期，在美国提出重返月球之后，欧洲、俄罗斯、日本和印度等国家和地区相继宣布各自的月球探测计划，从而掀起全球第二轮探月热潮之时，我国也组织相关专家对开展中国月球探测的必要性、可行性进行过初步的分析与论证，认为我国已经有能力开展月球探测，可用有限的资金发射一个绕月探测器，并制定一个简易的月球探测方案。

但是由于当时我国对月球探测尚未提出一个完整的发展规划，缺乏长期和有深度的科学探测目标。同时，国家的经济状况刚刚好转，航天基础还不像今天这样扎实，只能做到简单的环月飞行，对国家科技发展贡献有限，尤其是国家当时正在实施载人航天计划，所以这一探月计划未能启动。

不过，我国的月球探测研究工作并没有停止。1996 年我国完成了绕月探测器的技术方案研究，1998 年国防科工委正式开始规划论证月球探测工程。

2000 年，中国科学院研究组完成了《中国月球资源探测卫星科学目标》研究报告，提出了现今被广泛接受并作为立项目标的"绕、落、回"三步走的设想。同年 11 月 22 日，国务院新闻办公室发表了《中国的航天》政府白皮书，"开展以月球探测为主的深空探测的预先研究"被列入了近期发展的目标。中国探月标志如图 1 所示。

我国探月标识叫月亮之上，它以中国书法的笔触，抽象地勾勒出一轮圆月，一双脚印踏在其上，圆弧的起笔处自然形成龙头，落笔的飞白由一群和平鸽构成，表达了中国和平利用空间的美好愿望。

◀ 图 1　中国探月标志

2001年10月，我国月球探测计划项目立项。2004年1月23日，国务院正式批准了月球探测工程一期——绕月探测工程，使我国向深空探测迈出了第一步，对我国的政治、经济和科技的发展具有重要的战略意义。

二、发展战略

我国月球探测工程被列为《国家中长期科学和技术发展规划纲要（2006—2020年）》16个重大专项之一。作为一项国家战略性科技工程，月球探测工程将服从和服务于科教兴国战略和可持续发展战略，以满足科学、技术、政治、经济和社会发展的综合需求为目的，把推进科学技术进步的需求放在首位，力求发挥更大的作用。整个工程规划贯彻"有所为、有所不为"的方针，选择有限目标，突出重点，集中力量，力求在关键领域取得突破，持续发展，为深空探测活动奠定坚实的基础。

通过探月工程的实施，突破无人月球探测的主要关键技术，实现对月球的环绕、着陆、巡视探测和采样返回，形成探测器、深空测控网和运载火箭等一系列功能单元和自主创新的月球科研成果，具备开展无人月球探测的基本能力；初步建立中国深空探测的科学、技术和工程体系及创新团队，为空间科学研究和深空探测的可持续发展奠定基础。

依据循序渐进、分步实施、不断跨越的原则，经过10年酝酿，作为国家重大科技专项的探月工程分为"绕、落、回"三个发展阶段，在2020年前后完成，如图2所示。

第一阶段为绕月探测，即在2004—2007年研制、发射绕月探测器。它原定通过"嫦娥一号""嫦娥二号"绕月探测器完成，其中"嫦娥二号"

"嫦娥工程"的"三步走"战略

嫦娥工程规划为三期,简称为"绕、落、回"。

一"绕":发射一颗月球卫星,在距离月球表面200千米的高度绕月飞行,边绕边看,进行月球全球探测。

二"落":发射月球软着陆器,降落到月球表面,释放一个月球车,在月球上边走边看,进行着陆区附近局部详细探测。着陆器还将携带天文望远镜,从月亮上观测星空。

三"回":发射月球自动采样返回器,降落到月球表面后,机械手将采集月球土壤和岩石样品送上返回器,返回器再将月球样品带回地球,开展相关研究。

当"绕、落、回"三步走完后,中国的无人探月技术将趋于成熟,中国人登月的日子也将不再遥远。

▲图2 "嫦娥工程"的"三步走"战略

是"嫦娥一号"的备份。后来由于"嫦娥一号"表现出色,"嫦娥二号"调整到探月二期工程,作为第二阶段的技术先导星。

第二阶段为落月探测,即在2007—2013年研制和发射携带月球车的落月探测器。它原定通过"嫦娥三号""嫦娥四号"落月探测器完成,其中"嫦娥四号"是"嫦娥三号"的备份，后来由于"嫦娥三号"表现出色，"嫦娥四号"被调整到探月四期工程，在月球背面着陆。另外，"嫦娥二号"也用于完成这一阶段的任务。

第三阶段为采样返回探测，即在2013—2020年研制和发射采样返回器到月球表面特定区域软着陆并采样，然后将月球样品带回地球进行详细研究。它原定通过"嫦娥五号""嫦娥六号"采样返回器完成，其中"嫦娥六号"是"嫦娥五号"的备份，现也调整到探月四期工程。另外，增加发射了"嫦娥五号"再入返回飞行试验器，用于突破和掌握"嫦娥五号"以接近第二宇宙速度的高速再入返回关键技术。

"嫦娥工程"的每一步都是对前一步的深化，并为下一步奠定基础。从"绕、落、回"三期工程的科学目标看，它们有明显的递进关系："绕"就是对月球全球进行普查；"落"就是对着陆区附近进行区域性详查；"回"就是对月球进行区域性精查。最终达到全面、深入了解月球的目的。

三、绕月探测

我国绕月探测是通过发射"嫦娥一号"绕月探测器来实现的，现已顺利完成，取得了丰硕成果。

2007年10月24日，我国第一个月球探测器——"嫦娥一号"绕月探测器由长征三号甲运载火箭送入太空，它于2007年11月20日传回所拍摄的第一幅月面图像，从而竖起了继"东方红一号"人造地球卫星、"神舟五号"载人飞船之后，我国航天的第三个里程碑。

"嫦娥一号"采用"东方红三号"卫星平台。其设计工作寿命为1年，运行在距月球表面约 200 千米高的极轨道上。与人造地球卫星相比，"嫦娥一号"采用了较多新技术，例如，三体定向技术、紫外敏感器等。"嫦娥一号"飞行示意图如图 3 所示。

在"嫦娥一号"上搭载了 8 种科学仪器：CCD 立体相机——用于获取月球表面三维立体图像，分辨率 120 米；激光高度计——用于测量月球表面到卫星的高度数据；干涉成像光谱仪、γ 射线谱仪、X 射线谱仪——分别探测月球表面不同物质的化学元素；在世界上首次使用的微波探测仪——用于测量月球的微波辐射特征，从而反演月壤的厚度；太阳高能粒子探测器和太阳风离子探测器——用于探测从地球至月球的空间环境。

▲图 3 "嫦娥一号"飞行示意图

2008 年 7 月 1 日，"嫦娥一号"完成了全月球影像数据的获取；2008 年 10 月 24 日，它实现了在轨 1 年寿命，完成了各项任务。此后，又用"嫦娥一号"开展了变轨等 10 余项验证试验。为了给探月二期工程"探路"，积累落月过程控制和轨道测定方面的经验，"嫦娥一号"于 2009 年 3 月 1 日受控撞击了月球丰富海区域，成功完成硬着陆。

"嫦娥一号"累计飞行 494 天，其中环月 482 天，比原计划多飞 117 天；飞行期间经历 3 次月食；传回 1.37TB 有效科学探测数据；获取了全月球影像图、月表化学元素分布、月表矿物含量、月壤分布和近月空间环境等一批科学研究成果，填补了中国在月球探测领域的空白。"嫦娥一号"传回的第一幅月面图像如图 4 所示。

▲图 4 "嫦娥一号"传回的第一幅月面图像

四、落月探测

我国落月探测是通过先后发射"嫦娥二号""嫦娥三号"探测器来实现的，现都已发射、运行成功，取得了丰硕的成果。

（一）"嫦娥二号"

由于落月探测要突破月球软着陆、自动巡视勘察、深空测控通信和月夜生存等一系列关键技术，技术跨度和实施难度较大。因此，经过我国专家反复论证后决定，为了降低落月探测的风险，在发射我国首个落月探测器"嫦娥三号"之前，先于 2010 年 10 月 1 日发射"嫦娥二号"绕月探测器，来突破"嫦娥三号"的部分关键技术。

"嫦娥二号"运行在距月球表面约 100 千米高的极轨道上，设计寿命半年，分辨率 7 米，主要完成两大任务：一是对新技术进行试验验证，对未来的预选着陆区进行高分辨率成像；二是获得更加丰富和准确的探测数据，深化对月球的科学认知。

与"嫦娥一号"相比，"嫦娥二号"实现了 6 个方面技术创新与突破：突破了运载火箭直接将卫星发射至地月转移轨道的发射技术；首次试验了 X 频道深空测控技术，初步验证了深空测控体制；首次验证了 100 千米月球轨道捕获技术；首次验证了近月点 15 千米、远月点 100 千米轨道机动与快速测定轨技术；首次试验了小型降落相机、监视相机、高速数据传输等技术；通过"俯冲"对"嫦娥三号"预选着陆区进行高分辨率成像，分辨率优于 1.5 米。

2011 年 8 月 25 日，完成探月任务的"嫦娥二号"在世界上首次实现了从月球轨道出发，受控准确进入日地拉格朗日 L2 点（以下简称"日地L2 点"）环绕轨道，使我国成为世界上继欧洲航天局和美国之后造访日地L2 点的国家。"嫦娥二号"在日地 L2 点开展了日地空间环境探测。

2012 年 6 月 1 日，"嫦娥二号"又成功变轨，进入飞往小行星的轨道。同年 12 月 13 日，"嫦娥二号"以 10.73 千米／秒的相对速度，与图塔蒂斯小行星由远及近"擦肩而过"，首次实现我国对小行星的飞越探测。"嫦娥二号"在与小行星最近相对距离达到 3.2 千米时，其星载监视相机对小行星进行光学成像，使我国成为世界上第四个探测小行星的国家。它开创了中国航天一次发射开展月球、地月拉格朗日 L2 点、小行星等多目标多任务探测的先河。"嫦娥二号"拍摄的图塔蒂斯小行星如图 5 所示。

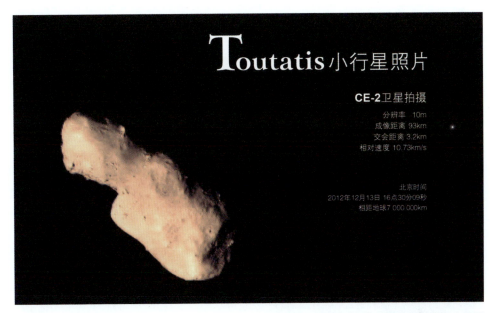

▲图 5 "嫦娥二号"拍摄的图塔蒂斯小行星

2014 年 6 月，已成为我国首个人造太阳系小行星的"嫦娥二号"与地球间距离突破 1 千米 ×10^8 千米，为未来的火星探测奠定了基础。"嫦娥二号"超期服役飞行，既测试了国产元器件寿命，又验证了中国测控通信系统的传输能力。

（二）"嫦娥三号"

"嫦娥三号"是我国探月工程二期的主任务。2013 年 12 月 2 日，我国成功把"嫦娥三号"落月探测器直接送入地月转移轨道。12 月 14 日，"嫦娥三号"在月面软着陆，首次实现了我国对地球以外天体的软着陆。12月15日，"嫦娥三号"着陆器与"玉兔"号月球车互相拍照，使我国成为世界第三个掌握落月探测技术的国家。

"嫦娥三号"的工程目标有三个：一是突破月面软着陆、月面巡视勘察、深空测控通信与遥操作、深空探测运载火箭发射等关键技术，提升航天技术水平；二是研制月面软着陆探测器和巡视探测器，建立地面深空站，获得包括运载火箭、月球探测器、发射场、深空测控站、地面应用等在内的功能模块，具备月面软着陆探测的基本能力；三是建立月球探测航天工程基本体系，形成重大项目实施的科学有效的工程方法。

"嫦娥三号"的科学目标也有三个：一是调查着陆区与巡视区月表地形地貌与地质构造；二是调查着陆区与巡视区月表物质成分、月球内部结构以及可利用资源；三是探测地球等离子体层以及开展月基光学天文观测。

"嫦娥三号"由着陆器和巡视器（俗称月球车，名叫"玉兔号"）组成，所以发射"嫦娥三号"实际上是发射了两个月球探测器，能分别开展就位探测和巡视探测，这在国际上也是首次。"玉兔号"月球车全景相机拍摄的"嫦娥三号"着陆器如图6所示。

"嫦娥三号"着陆器设计寿命12个月，着陆区为月球虹湾地区。驮着"玉兔号"月球车的"嫦娥三号"着陆器在落月时克服了反推减速、自主控制和着陆缓冲三大技术难点，通过主减速、快速调整、接近、悬停、避障、缓速下降等几个阶段，于12月14日安全落在了月球虹湾以东区域。我国采用的悬停、避障的智能着陆技术具有国际先进水平。此前，国外的月球着陆器多为盲降，所以成功率不高。

此后，着陆器携带的4种科学载荷先后开始就位探测，其上的极紫外相机和月基光学望远镜是在世界上首次应用。

极紫外相机是利用月球真空环境、自转速度慢等优势，对地球周围等离子体层的整体变化进行长达1年的全方位观测，这有助于了解太阳和地球的相互关系，提高中国空间环境监测和预报能力。它们获得了大量成果。

月基光学望远镜也是在世界上首次应用，它主要在近紫外波段对重要天体的光变进行长期连续监测。由于地球上有大气层，很多地外天体的射线被地球大气吸收了，其中包括紫外波段的光。

"玉兔号"月球车设计寿命3个月，可6轮独立驱动，4轮独立转向，具有爬20°坡、越20厘米高障碍的自主越障和避障功能，活动范围为10千米，移动速度为200米/小时。它首次靠"视觉"来完成定位工作，当遇到超过20°的斜坡、高于20厘米的石块或直径大于2米的撞击坑时，能够自主判断，安全避让。

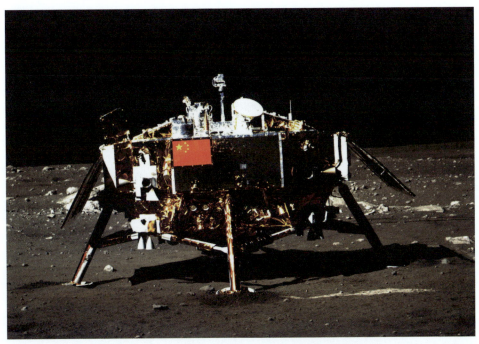

▲图6 "玉兔号"月球车全景相机拍摄的"嫦娥三号"着陆器

　　在脱离"嫦娥三号"着陆器之后,"玉兔号"用携带的 4 种科学载荷先后开始巡视勘察,其中的测月雷达是在世界上首次应用。它装在月球车底部,可用于在巡视过程中直接探测 30 米深的月壤结构和 100 米深的浅层月壳结构。它有 2 个探测通道,高频通道探测 30 米深的月壤结构,低频通道探测 100 米深的浅月壳结构。在月面巡视探测的"玉兔号"月球车如图 7 所示。

　　"嫦娥三号"在落月后面临的最大难关就是月生存。为此,"嫦娥三号"首次采用了同位素热源以及导热流体回路、隔热组件、电加热器等,这相当于给探测器"盖被子""生炉子""开空调",以确保舱内温度控制在 − 50 ~ 50℃,使探测器系统能顺利度过月夜,然后,被唤醒工作。

　　2016 年 1 月 4 日,"嫦娥三号"着陆区 4 项月球地理实体命名获得国际天文学联合会(IAU)正式批准,分别是广寒宫、紫微、天市和太微。

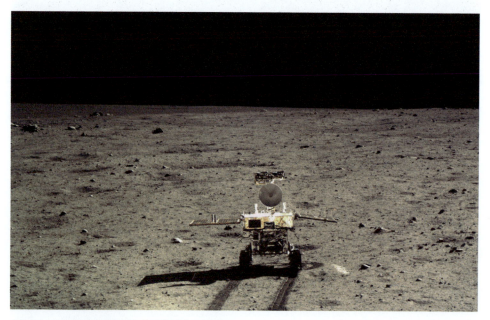

▲图 7　在月面巡视探测的"玉兔号"月球车

至今，"嫦娥三号"开展了测月、巡天、观地的科学探测，取得了大量科学数据。同时，研究人员在月球浅表层地质结构、月基天文观测以及地球等离子体观测等方面取得了一系列创新性科学研究成果。据不完全统计，在 SCI、EI 类国内外重要学术刊物上发表文章 100 余篇，重要成果相继发表在《科学》《自然》《美国科学院院刊》等国际顶级学术刊物上，有的还成为其封面文章，带动了国际月球与行星科学的研究和应用发展。

例如，"嫦娥三号"开展了着陆区月壤内部与月壳浅层结构探测。首次研制的超宽频带测月雷达，采用"边走边探"的方式，获得着陆区月壳浅层 330 米深度内的剖面结构特性及地质演化图，这也是国际首幅月球地质剖面图。利用对月球车上全部四台科学仪器的探测数据的研究，在国际上首次揭示了月球雨海区的火山演化历史。利用粒子激发 X 射线谱仪和红外成像光谱仪探测数据，发现一种全新的月球玄武岩。

"嫦娥三号"通过着陆器上的国际首台月基光学望远镜，利用月球高真空无大气影响和月球自转缓慢因而连续观测周期长的特点，取得不少成果。例如，发现仙王座 GK 星是双星快速物质交流演化中的天体，这对检验双星理论模型具有重要意义，并发现月球外逸层水的含量比哈勃望远镜的探测结果低 2 个数量级，与理论预期值最为接近，修正了国外得出的月球上有大量水分子存在的结论。如图 8 所示，根据"玉兔号"月球车的车轮痕迹深浅可以推断土壤的密度、孔隙、摩擦系数等性质。

"嫦娥三号"着陆器上的国际首台极紫外相机，在月面上对地球周围 15 个地球半径的大视场等离子体层进行极紫外观测，获取大量地球等离子体层图像数据。例如，首次发现了地球等离子体层边界在磁层亚暴的影响下发生凸起，揭示了太阳活动对地球空间环境的影响，确认了地球等离子体层的尺度与地磁活动强度呈反相关关系，进而提出了等离子体层的空间

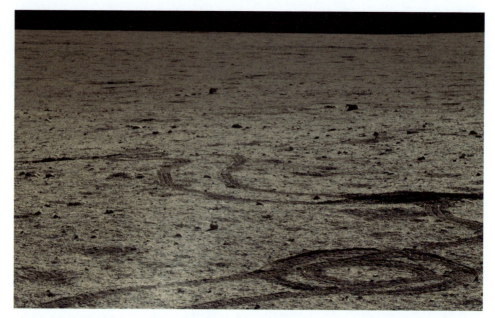

▲图 8　根据"玉兔号"月球车的车轮痕迹深浅可以推断土壤的密度、孔隙、摩擦系数等性质

结构受到地球磁场和电场约束及控制的最新观点。

　　"嫦娥三号"着陆器是目前世界上在月面工作时间最长的航天器。

五、采样返回

　　我国月球采样返回探测是通过发射"嫦娥-5"再入返回飞行试验器来实现的，现已发射了"嫦娥五号"再入返回飞行试验器，超额完成了任务。

　　其工程目标是：突破月表自动采样与封装、月面起飞、月球轨道交会对接、地球大气高速再入、月球样品储存等关键技术，实现我国首次月面自动采样返回，并为载人登月和深空探测奠定基础。

　　其科学目标是：采集月球样品并返回地面，对返回样品进行系统的岩石学、矿物学同位素地质和地球化学的分析与研究，结合月面物质成分的分析数据，深化对月球和地月系统的起源与演化的认识。

（一）"嫦娥五号"再入返回飞行试验器

2020 年，我国将实施"嫦娥五号"月球采样返回任务，即用返回舱把月球上的 2 千克样品带回地球进行精查。"嫦娥五号"返回器将以接近 11.2 千米 / 秒的第二宇宙速度返回再入大气层。这项技术十分复杂，无法通过地面模拟得到充分验证。为确保取样返回任务的精确完成，我国决定先发射"嫦娥五号"再入返回飞行试验器，以掌握航天器以接近第二宇宙速度的高速再入返回关键技术。由服务舱和返回器组成的"嫦娥五号"再入返回飞行器在轨飞行示意图如图 9 所示。

2014 年 10 月 24 日"嫦娥五号"再入返回飞行试验器顺利升空。它先飞抵月球附近，然后自动返回地球，最终该试验器的返回器于 11 月 1 日

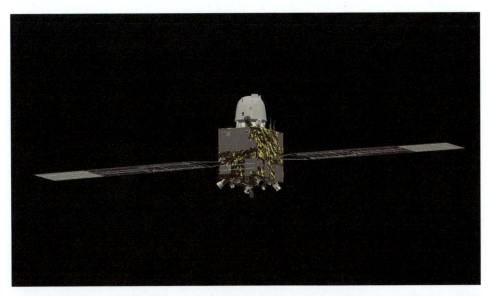

▲图 9　由服务舱（下）和返回器（上）组成的"嫦娥五号"再入返回飞行试验器在轨飞行示意图

采用半弹道跳跃式以接近第二宇宙速度再入大气层，在内蒙古四子王旗预定区域以伞降形式顺利着陆，如图 10 所示。这是我国航天器第一次在绕月飞行后再入返回地球。

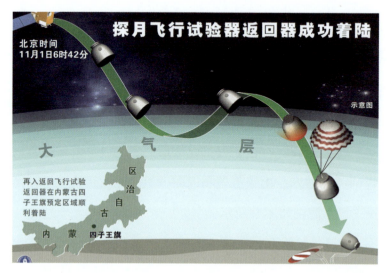

▲图 10 返回器采用半弹道跳跃式再入返回

该试验器由服务舱和返回器两部分组成，总重量为 2 吨多，返回器安装在服务舱上部。服务舱以"嫦娥二号"绕月探测器平台为基础进行适应性改进设计，具备留轨开展科研试验功能；返回器为新研产品，采用钟罩侧壁加球冠大底构型，重量约 330 千克，具备返回着陆功能，与探月三期正式任务中返回器基本一致。

它采用绕月自由返回轨道，在经过发射段、地月转移段、月球近旁转向段、月地转移段、返回再入段和回收着陆段6个阶段后，在内蒙古四子王旗着陆。

（二）"嫦娥五号"

"嫦娥五号"采样返回器是我国探月工程三期的主任务，它由上升器、着陆器、轨道器、返回器 4 个部分组成，将在海南文昌航天发射中心由长征五号新一代大型运载火箭发射升空，完成探月工程的重大跨越——带回月球样品。

"嫦娥五号"不仅要完成落月，还要攻克采样、封装、上升、对接、高速返回地球等技术难题。在任务中，"嫦娥五号"4个部分被送到月球轨道后将两两分离，轨道器-返回器组合体留在轨道，着陆器-上升器组合体在月面上降落。

着陆后，着陆器用两个机械手进行月面采样和钻孔取样，并将样品放入上升器携带的容器里进行封装；随后，上升器从月面起飞，与轨道器-返回器组合体交会对接，把样品转移到返回器后分离，如图11所示；接着，轨道器-返回器组合体踏上归途，以接近第二宇宙速度飞到距地球几千千米时分离；最后，返回器在预定着陆点降落。

"嫦娥五号"着陆器在月面取样完成后要封装，要求不能有任何污染；上升器在月面上起飞是我国航天器第一次在地外天体升空；它在月球轨道与轨道器-返回器组合体的交会对接与"神舟"飞船与"天宫一号"交会对接不同，技术难度大、精度高。

▲图11 采样后，"嫦娥五号"上升器带着样品离开月面示意图

六、四期工程

2019 年 1 月 14 日，我国宣布了探月四期任务，把"嫦娥四号"作为探月四期首次任务，后续还有三次任务。"嫦娥四号"已于 2019 年年初在月球背面着陆开展工作。

"嫦娥六号"计划在月球南极进行采样返回，到底是月背还是正面，要根据"嫦娥五号"的采样情况来确定。

"嫦娥七号"计划在月球南极，对月球的地形地貌、物质成分、空间环境进行一次综合探测。

"嫦娥八号"除了继续进行科学探测试验以外，还要进行一些关键技术的月面试验。

2018 年 5 月 21 日，我国发射了"鹊桥"月球中继星，它于 6 月 14 日进入地月拉格朗日，L2 点（简称"地月 L2 点"）的晕轨道，这在世界上是第一次。同年 12 月 8 日，我国成功发射"嫦娥四号"落月探测器，它于 2019 年 1 月 3 日在月球背面冯·卡门撞击坑完成软着陆，这在世界上也是第一次。

月球背面比正面保留着更为原始的状态，探测月球背面对研究月球和地球的早期历史具有重要价值。另外，月球背面可屏蔽来自地球的各种无线电干扰信号，因而在那里能监测到地面和地球附近的太空无法分辨的电磁信号，有望取得重大成果。

正是由于在地球上永远看不到月球的背面，所以在月球背面着陆的探测器不能直接和地球站进行无线电通信，为此我国于 2018 年 6 月先把"鹊桥"月球中继星送入地月 L2 点晕轨道。

地月拉格朗日点是指地球和月球之间的引力平衡点，一共有 5 个，其中有 2 个是稳定的，即小物体在该点处即使受外界引力的摄扰，仍然有保持在原来位置的倾向。"鹊桥"月球中继星运行在地月 L2 点晕轨道，这个轨道是在地月球心连线上靠近月球的一侧。因为在这个轨道上"鹊桥"能同时看到地球和月球背面，从而可为此后发射的"嫦娥四号"与地球站之间提供通信链路，传输测控通信信号和科学数据，还能节省燃料。"鹊桥"月球中继星工作示意图如图 12 所示。

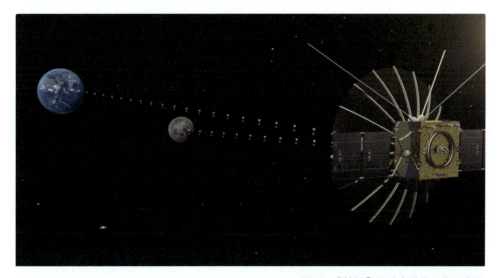

▲图 12 "鹊桥"月球中继星工作示意图

"鹊桥"月球中继星不能在地月 L2 点上运行，而是在绕地月 L2 点的晕轨道——使命轨道运行，否则会被月球挡住，无法与地球联系。晕轨道距月球 6.5 万 ~ 8 万千米，是绕地月 L2 点运行的一种轨道，形状为三维非规则曲线，周期 14 天，Z 轴振幅高达 1.3 万千米，轨道控制非常复杂，所以叫晕轨道。

除了具有中继地月信号的功能以外，在"鹊桥"月球中继星上还装载了荷兰的低频射电探测仪。它能与位于地球上荷兰境内的低频天文阵列等地面天文观测设施联合，首次开展 43 万~ 46 万千米基线的地月空间甚长基线干涉测量实验。它也可以与"嫦娥四号"着陆器上中方研制的低频射电频谱仪之间形成干涉测量，有望对来自宇宙黑暗时代和黎明时期的辐射进行探测，研究在宇宙大爆炸后的几千万年到一两亿年间，宇宙如何摆脱黑暗，点亮了第一颗恒星。

作为"嫦娥三号"的备份，"嫦娥四号"仍是由着陆器和巡视器（即"玉兔二号"月球车）组成，工程目标主要有两个：一是研制、发射月球中继通信卫星，实现国际首次地月 L2 点的测控及中继通信；二是研制、发射月球着陆器和巡视器，实现国际首次月球背面软着陆和巡视探测。

"嫦娥四号"有三大科学任务：一是对月球背面的环境进行研究；二是对月球背面的表面、浅深层、深层进行研究；三是用低频射电探测仪探测宇宙天体。

因为"嫦娥四号"与"嫦娥三号"的科学目标差异很大，因此两者所装载的科学载荷有明显变化，更换了部分科学载荷，其中有 3 台是国外的。

在"嫦娥四号"着陆器上装载了德国的月表中子与辐射剂量探测仪。它能测量能量中性粒子辐射和着陆器附近月壤中的相关物质含量，探测着陆区的辐射剂量，分析月球远侧的辐射环境，为未来的载人登月航天员的危险度进行前期评估，提供相应辐射防护的依据。"嫦娥四号"着陆后拍摄的月球背面如图 13 所示。

在"玉兔二号"月球车上装载了瑞典的中性原子探测仪，这将是国际首次在月表开展能量中性原子探测。它对于研究太阳风与月表相互作用机制、月表逃逸层的形成和维持机制等关键科学问题有着重要的意义。两器分离后，"玉兔二号"在月背留下了人类探测器第一行"脚印"，如图 14 所示。

▲图13 "嫦娥四号"着陆后拍摄的月球背面

◀图14 两器分离后,"玉兔二号"在月背留下了人类探测器第一行"脚印"

"嫦娥四号"着陆器重 3.78 吨，设计寿命 6 个月。其上的有效载荷与"嫦娥三号"着陆器上的类似，仍装有降落相机、地形地貌相机，但增加了国内新研发的低频射电频谱仪，以及德国的月表中子与辐射剂量探测仪，去掉了"嫦娥三号"的月基光学望远镜、极紫外相机。装有 3 根 5 米长的低频射电频谱仪天线，是"嫦娥四号"着陆器与"嫦娥三号"着陆器外形上最显著的区别。

"玉兔二号"月球车重 135 千克，设计寿命 3 个月，可以爬 20° 坡，跨越 20 厘米的障碍。其上仍装有全景相机、测月雷达、红外成像光谱仪，但增加了瑞典的中性原子探测仪，去掉了"嫦娥三号"的粒子激发 X 射线谱仪。因此，"玉兔二号"月球车也就不需要机器臂了，从而比"玉兔号"月球车轻了 2 千克，是世界探月史上质量最小的月球车，也是迄今为止在月面上工作时间最长的月球车。

另外，"嫦娥四号"的着陆方式与工作状态跟"嫦娥三号"也有很大区别，性能也有很大提升。"嫦娥三号"是以弧形轨迹缓慢着陆，而"嫦娥四号"受月球背面环境影响，只能采取近乎垂直的着陆方式；"嫦娥三号"在月夜时是不能工作的，"嫦娥四号"在月夜时还能做一些测量的工作。

"嫦娥四号"已经或正在实现三大"壮举"：首次实现了人类探测器造访月球背面；首次实现了人类航天器在地月 L2 点对地月中继通信；正作为为科学工作者提供月球背面空间科学研究的平台，获得一批重大的原创性科学研究成果。

未来，中国将探测月球的两极、建立月球科研站，最终实现载人登月的梦想。

03
太空天气对人类活动的影响

◎ 乐贵明
　国家空间天气监测预警中心（国家卫星气象中心）

一、什么叫太空天气

太空指的是大气层以外的空间。太空天气指的是大气层以外的天气。大气层以外的太空到底有什么呢？这就要看离地面的高度了。在离地面不同高度的区域，天气状况是不同的。太空天气会不会是一成不变的呢？答案是否定的。太空天气受什么影响？受太阳活动的影响。太空天气既然受太阳活动的影响，因此，我们不得不说说太阳。

二、太阳的基本参数和结构

太阳由里向外分别为核心区域、辐射层、对流层、太阳大气层，包括光球层、色球层和日冕。太阳的基本物理参数如下：

半径：696 295 千米；

质量：1.989×10^{30} 千克；

表面温度：5 500℃；

太阳球心温度：1 560 万℃（核心）；

总辐射功率：3.83×10^{26} 焦耳／秒；

平均密度：1.409 克／立方厘米；

日地平均距离：1.5 亿千米；

年龄：约 50 亿年。

三、太阳黑子

太阳的基本结构如图1所示。从里往外依次为太阳的球心区域（图1中的核心区域）、辐射层、对流层、光球层、色球层和日冕。我们看到的黑子在光球层，光球层的温度为 5 500℃。

太阳是由氢气组成的，太阳的球心不断地发生氢的聚变，从而导致产生氦和少量的其他重核。在太阳表面我们有时能看到一些较黑的区域，即太阳黑子（如图2所示）。太阳黑子是指太阳表面温度比周围温度低的一

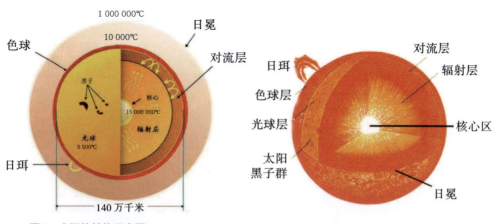

▲图1 太阳的结构示意图

些区域。有些太阳黑子比
较大，有些比较小。当我
们用望远镜观测太阳时，
会发现太阳上黑子的经度
位置在发生变化，这说明
太阳在自转。从地球上看
太阳自转的周期为 27.3
天。有些太阳黑子在太阳
上会存在很长时间，那么
问题就来了：黑子周围的
大气比黑子区域的大气温

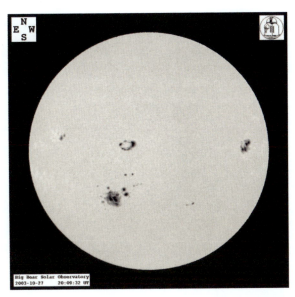

▲图2　太阳黑子

度高，如果周围热的大气能渗透到冷的黑子大气中去的话，黑子区域的大
气温度应很快会与周围温度一致，因而黑子将消失，但是，黑子很长时间
都没有消失，这说明黑子周围热的大气很难渗透到黑子中去。这是什么原因
呢？原因是黑子有很强的磁场，磁场会产生磁压，从而与黑子周围的热压达
成平衡，因此，黑子周围热的大气不能轻易地渗透到温度更低的黑子中去。

四、太阳黑子的爆发活动及其对太空天气的影响

　　太阳黑子是日面上磁场较强的区域，而磁场通常具有较大的能量密度。
如果黑子足够大，且磁场足够强时，它储存的能量就非常多。一旦因某种
因素导致黑子出现剧烈的爆发活动，我们可能会看到两种现象：

　　一种现象是太阳局部突然增亮，同时在很宽的波段范围内电磁辐射大幅
度增强，而且可能会观测到质子和电子，这种现象称为太阳耀斑（如图3所示）。

▲图3　图中闪耀的地方就是观测到的太阳耀斑

太阳耀斑的时间长度有些几分钟，有些1~2小时，多数为几十分钟。

　　太阳耀斑爆发的时候，太阳在全波段的辐射（从微波到 γ 射线波段）大幅增强，有时伴有增强的粒子辐射。电磁辐射大幅增强的直接效应是导致向阳的地球大气层电离程度突然增加，从而导致向阳面地球大气电子密度突然增加。无线电波穿过这些电子密度突然增加的区域时，短波信号会突然衰减。电子密度的变化，还会造成导航和定位出现偏差。增强的粒子辐射对宇航员的健康构成威胁，也对太阳能电池、光学系统、卫星上的逻辑电路等造成有害影响。

　　另一种现象是伴随耀斑，有大团的等离子体从太阳上抛出来，称为日冕物质抛射（Coronal Mass Ejection，CME）。CME 的速度在 20~4 000 千米 / 秒，平均速度为 450 千米 / 秒。一个 CME 的质量在 $10^{15\sim16}$ 克，能量为 $10^{30\sim32}$ 尔格。一个平均的 CME 能量相当于 $10^{8\sim10}$ 颗原子弹的能量。CME 爆发时的形态如图 4 所示。

　　如果 CME 的速度足够快，则其前端可能会形成激波。如果激波足够

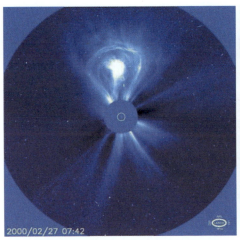 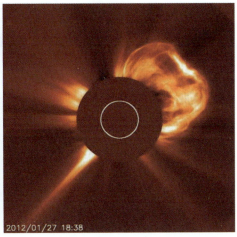

左图中的小白圈是太阳，蓝色圆是挡板，用以挡住太阳的强光，那个大泡泡就是 CME。右图的白圈也是太阳，红色的圆是挡板，火焰状的形态是 CME。

▲图 4 观测到的 CME 的示意图

强，激波就会持续地加速太阳高能粒子。由于激波是大尺度的结构，因此，在很大范围内都能观测到太阳高能粒子。CME 在空间传播的时间较长，因此太阳高能粒子事件持续的时间就比较长，对深空探测的宇航卫星上各种仪器设备的危害的时间也比较长。CME 驱动激波加速高能粒子的示意图如图 5 所示。

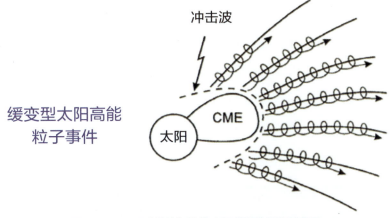

▲图 5 CME 驱动激波加速的太阳高能粒子的示意图

CME 如果朝地球传播，则到达地球后有可能还会造成地球磁场的扰动，地磁扰动达到一定程度，称为磁暴。当速度较高的 CME 驱动的激波到达地球时，会突然压缩地球的磁力线，磁力线突然变密导致地球磁场的强度突然增大。随后，在地球赤道上空会形成一个环形的电流，该环形电流形成的磁场与地球磁场的方向相反，从而削弱地球磁场（如图 6 的左图），于是地面的地磁观测仪器会观测到磁场强度在下降。当环电流的强度达到最大时，地磁强度下降得最厉害，我们称之为本次磁暴活动的强度。随后，环电流逐渐减弱，磁暴强度又逐渐增强，最后恢复到磁暴前的水平。图 6 右侧为典型磁暴的时间过程。

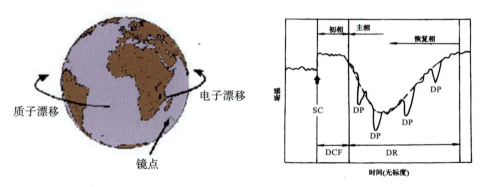

▲图 6　磁暴期间形成的环电流（左图）和磁暴的时间过程示意图

磁暴的危害：一个磁暴的时间长度通常为 2~3 天。在此期间，地球磁场发生变化，此时导航会出现偏差。磁暴期间飞过极区的航线的导航将会受到影响，当磁暴较强时，飞过极区或者高纬度的飞机通常会改变航线。由于信鸽飞行是沿磁力线飞行的，所以，信鸽在磁暴期间飞行容易丢失。参加比赛的信鸽，通常价格不菲。价高的信鸽，一只超过百万。所以，信鸽爱好者对磁暴非常关注，每次训练和比赛都会参考国家空间天气监测预警中心发布的磁暴预报信息。磁暴发生期间，由于磁场发生变化，会产生感应电场，这个感应电场在输变电网上会形成地磁感应电流。由于输变电线本身有电流，感应电场在输变电线上形成的地磁感应电流就叠加在原有的电流上，形成增强的电流。如果这个增强的电流超过输变电线变压器的负荷，变压器就会被烧毁，电网就会瘫痪。如1989年3月10日太阳出现了强烈的爆发，随后有大团的等离子体（CME）被抛出太阳，CME到达地球后引起了超强地磁暴，该磁暴摧毁了加拿大魁北克省的电网，电网中断9小时，造成了非常大的经济损失。2003年10月底的恶劣太空天气事件造成了大范围的影响：造成了瑞典马尔默大停电事故；日本等国家的卫星被迫关闭；我国满洲里短波通信中断5小时，阳城电厂送出工程上河变电站、武南变电站和浙江双龙变电站等都发现过地磁感应电流（GIC）造成的变压器运行异常，南方电网惠州等变电站的变压器、广东岭澳核电厂主变压器都发现了GIC导致的异常及影响。正因为此，国外很多电力公司在变压器订货时要求提供允许的直流电流指标。磁暴除了对电网形成威胁之外，还对地下输油管道造成危害。因为磁暴引起的增强的电流会使石油管道受到的腐蚀增强，从而减少管道的使用寿命。磁暴的另一个效应是使电离层电子密度发生大幅度的变化。为了阐述该现象，我们介绍一下电离层。

五、电离层

电离层（Ionosphere）是地球大气的一个电离区域。电离层是受太阳高能辐射以及宇宙线的辐射而电离的大气高层。60千米以上的整个地球大气层都处于部分电离或完全电离的状态，电离层是部分电离的大气区域，完全电离的大气区域称磁层。除地球外，金星、火星和木星都有电离层。

电离层从离地面约 60 千米开始一直伸展到约 1 000 千米的高度范围，其中存在相当多的自由电子，能使无线电波改变传播速度，发生折射、反射和散射，产生极化面的旋转并受到不同程度的吸收。

磁暴发生时，极光活动增强，活动范围会扩大。极光的最低高度也就是 100 千米左右，甚至更低一点。极光活动增强会导致电离层电子密度增加，此外，磁暴期间有粒子沉降现象发生，也会导致电离层电子密度增加。当电离层电子密度变化达到一定程度时，称为电离层暴。电离层暴期间，短波通信信号会衰减甚至中断，目标定位会出现很大误差。由于电离层暴持续时间长，因此，对通信、定位等的影响时间也很长。

六、中高层大气

地球大气按其基本特性可分为若干层，但按不同的特性有不同的分层方法。常见的分层方法有：①按热状态特征，可分为对流层、平流层、中间层、热层和外层（又称外逸层或逃逸层）。接近地面、对流运动最显著的大气区域为对流层，对流层上界称对流层顶，在赤道地区高度为 17 ~ 18 千米，在极地约 8 千米；从对流层顶至约 50 千米的大气层称平流层，平流层内大气多做水平运动，对流十分微弱，臭氧层即位于这一区域内；中间层又称中层，是从平流层顶至约 80 千米的大气区域；热层是中间层顶至 300 ~ 500 千米的大气层；热层顶以上的大气层称外层大气。②按大气成分随高度分布特征，可分为均匀层和非均匀层。均匀层是指从地面到约 80 千米的大气层，因其大气各成分所占的体积百分比保持不变。均匀层的平均分子量为 28.966 克 / 摩尔，为一常数。非均匀层为 80 千米以上的大气区域，不同大气成分所占的体积百分比随高度而变，平均分子量不再是常数。③按大气的电离特征，可分为电离层和中性层。中性层又称非电离层，是指以中性成分为主的大气层。电离层又可分为 D 层、E 层和 F 层。

在 80 千米以下，大气处于均匀混合状态；而在约 80 千米以上，大气湍流逐渐消失，逐渐过渡到分子扩散平衡状态，约在 120 千米以上达到完全扩散平衡。扩散平衡就是在重力场作用下，大气中重的成分分布于低层，轻的成分分布于高层，使得大气的平均摩尔分子量随高度递减。高层大气中除分子运动外，还有全球尺度的环流、潮汐和声重波等宏观运动。

对于太空天气而言，中高层大气指 60 千米至几百千米高度范围内的大气。随着离地面的高度增加，大气越来越稀薄。卫星的最低高度通常都会超过 200 千米，因此，卫星所在的高度大气非常稀薄。由于卫星速度很快，卫星在轨道上运行过程中仍然能感受到大气对它造成的阻力。尽管阻力不大，但阻力时时刻刻、日复一日地存在，使得卫星的速度会逐渐下降。卫星速度下降会导致卫星的高度下降，高度下降会导致大气密度升高，继而卫星飞行过程受到的阻力更大，卫星速度的下降也会更快，从而造成卫星轨道高度下降的速度也加快。当卫星高度下降到一定程度，速度也衰减得相当多，这时卫星可能坠入大气层被烧毁。当发生磁暴时，中高层大气的密度会大幅度增加，这时卫星轨道下降的速度会加快。地面测控系统发现卫星高度下降到一定程度时，通常会发出指令，让卫星上携带的推进燃料点燃，把卫星重新推到预定的轨道高度。所以，对于 300~500 千米高度的低轨卫星，其在轨道上工作的时间都有限，即卫星都有一定的寿命。如果想长时间留在轨道上，则必须携带足够的燃料，以应对卫星因受到阻力而造成的速度下降和轨道高度下降的情况。

七、地球的磁场

　　理想情况下的地球磁场如图 7 所示。所谓理想情况是指地球磁场不受外界环境影响时所展现出来的样子。这时，地球磁场就是从南半球出来，进入北半球。不管在什么纬度，磁力线从南半球伸出来之后都终止于北半球，即磁力线是闭合的。

由于地球是太阳系的一个行星，来自太阳的太阳风遇到如图 7 所示的地球磁场时，它们会发生相互作用，相互作用的结果使得地球磁场的形态发生变化，如图 8 所示。从图 8 可以看出，对着太阳这边的地球磁场被压缩了，而背对太阳那一侧地球的磁场被拉长了，伸展到很远的地方。此外，大于 60° 的高纬度区域，磁力线不再是闭合的。在磁力线非闭合区域，带电粒子可以直接沿磁力线运

▲图 7　地球磁场的本真形态

▲图 8　太阳风吹袭地球后的地球磁场形态

动，所以，磁力线开放区域就是极光所在的区域。发生磁暴的时候，极光区域会向中纬度区域扩展。当磁暴强度非常强时，极光区域甚至有可能扩展到赤道附近。

八、磁层结构

磁层是指地球磁场控制的区域，也可以说地球磁场在太阳风的影响下被局限在一定范围内，这一范围就叫作磁层。由于受到太阳风的制约，地球磁场所发生的磁力线向后弯曲，向背着太阳的方向延伸，可以延伸至相当于几百个甚至上千个地球半径长度以外的空间，磁层开始于地表以上600~1000千米处的地球外层空间，起着保护地球上的生物免受各种宇宙辐射和带电粒子流袭击的作用。磁层的结构如图9所示。

图9所示的磁层结构图能体现太阳风与地球磁场相互作用形成的磁层结构，更详细的磁层结构图如图10所示。磁层中有很多区域，其中有两个

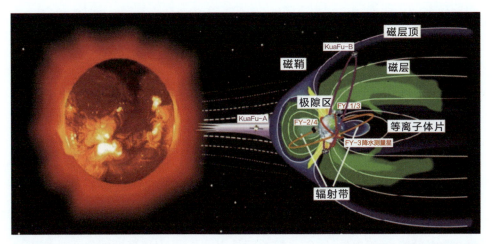

▲图9 磁层结构示意图

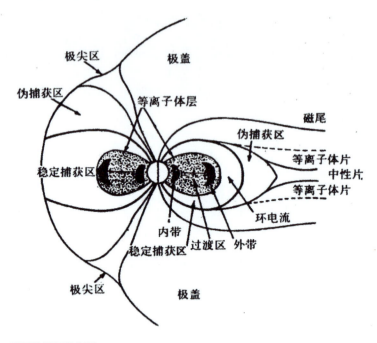

▲图10　磁层的详细结构图

区域需要特别指出，一是内辐射带（简称"内带"），即图10中离地球比较近的两个黑块区域，有大量的带电粒子，主要是质子。内带的中心区域离地球表面的距离约 2 500 千米。另一个区域为外辐射带（简称"外带"），即图10中离地球较远的两个黑块区域，主要为电子。

九、太空天气对卫星正常运行的影响

导致卫星故障的因素有设计和工艺、元器件质量、太空天气和其他因素。我国在轨运行卫星异常与故障分析表明，由灾害性太空天气造成的卫星故障约占总故障数的 40%。根据国外对在轨的 210 颗地球静止轨道卫星统计，太空天气所致的故障（不包括尚无法确定原因的故障）约占 40%。

太空天气导致的故障包括电子诱发的电磁脉冲、单粒子事件、静电放电、剂量效应等。

十、总结

太空天气是受太阳活动影响的，太阳活动主要受黑子活动的影响。太阳黑子的活动周期约为 11 年左右。太阳活动在黑子数较多的时候，通常具有较强烈的爆发，这些爆发活动可以引起的太空天气现象为太阳耀斑、日冕物质抛射、太阳高能粒子、磁暴、电离层暴、热层暴（主要指中高层大气密度有较大增加），造成恶劣的太空天气，影响卫星、宇航员的安全，影响电网的安全，影响石油管道的寿命，影响卫星的姿态，影响导航、通信、目标定位等，严重时影响需要穿过极区的飞机的航线和乘客的安全。当黑子数比较少的时候，日面上有磁力线开放区域，从这些区域逸出的太阳风速度比日面上磁力线非开放区域逸出的太阳风速度更高。这种太阳风到达地球时，也会引起磁暴，偶尔会造成大磁暴，同时会导致外辐射带高能电子的通量大幅增加，从而威胁卫星的安全。除了受太阳活动的影响，太空中还有来自银河系的带电粒子流，有流星雨、太空垃圾等。总之，太空天气非常复杂，人们在不断增加观测或者探测设备，开展相关的研究，为预防和减轻太空天气对人类活动的影响进行不懈的努力。

04
人类移民火星之路

◎ 郑永春
　　中国科学院国家天文台

一、为什么是火星

　　太阳系里有"水金地火木土天海"8 颗行星，每一颗行星还有自己的卫星。据观测，木星有 79 颗卫星，土星有 82 颗卫星，天王星和海王星各有几十颗卫星，火星有 2 颗小卫星，地球有唯一的卫星——月球。这么多星球里面，人类如果将来要移民到外太空，为什么选择火星呢？

　　火星是一颗红色星球，也叫"玛尔斯"，玛尔斯是罗马神话中的战神，是一位专门负责打仗的神仙。所以，大家看到火星的时候，都认为会有血光之灾，是不吉利的。但是，现在我们对火星越来越了解，甚至对其在某些方面的了解已经超过了地球。如果火星上面有一头狼，我们一定能认出来，因为火星全球的影像分辨率是 30 厘米。如果你认为登陆火星还是科幻故事，那说明你的观念已经过时了，飞向火星已经不是科幻故事了。科学家从 1995 年以来几次拍到的火星如图 1 所示。

　　当然，今天跟大家讲这个事情的时候，火星还是显得离我们现在的生活很遥远。SpaceX 太空探索技术公司，从海上回收火箭已经取得

▲图1 "活的"不断变化的火星

成功，火箭回收技术变得越来越成熟，而且回收的火箭已经多次重复利用。随着这一技术的成熟，火箭将不再是一次性的发射工具，可以多次重复利用，据乐观估计，火箭的发射成本将降低90%。到那个时候，全世界很多国家都不需要再制造火箭了，可能几家航天公司就可以把发射工作全部承包了。商业航天公司面向市场，承接发射任务，普通客户都可以找商业公司来发火箭，未来航天会变得越来越廉价，越来越接地气，越来越亲民，不再是高高在上，而是很多私人客户都可以接触到的。由此，对火星的探索也会越来越热门。预想中未来人类登陆火星成本如图2所示。

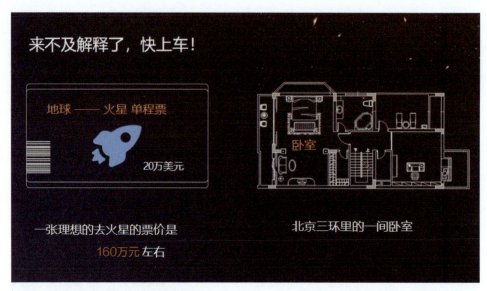

▲图2　预想中人类未来登陆火星成本

二、地球的样子

我们的地球是一颗蔚蓝色的星球，这个星球寄托了我们所有的一切，我们的家庭、财富、技术，人类一切的一切都在这个星球上。但是很少人去思考这样的问题：如果地球出现了危机，我们所有的一切将何去何从？国人比较倾向实用主义，不太会考虑过于遥远的事情，就像中国的科幻文学也相对不太出色，对未来的畅想也不是特别多。

中国人口占世界的1/5，可能消耗了全球1/5的资源。我们要对全人类生存和发展有所贡献，甚至要在某些方面引领人类文明的方向，中国人应该有这样的担当，而航天科技、深空探测是中国可以为人类做出重要贡献的领域之一。

让我们首先思考一下，地球在太阳系里面，在宇宙中，占有一个什么样的地位。太阳系包括八大行星（曾经有九大行星，但是现在只有八大行星了，冥王星已经不再是一颗行星），如果从太阳出发，我们不会看到一排一排的行星等在那里，完全不会，很多太阳系示意图实际上是一张虚拟图。我们可以了解到，地球是太阳往外的第三颗行星。从行星的角度说，可以分为两类，一类是类地行星，如水星、金星、地球、火星。在这些行星里面，地球的体积是老大，这让我们感到很骄傲。但是从大小来看，跟全是气液态的行星比起来，地球就是个"小儿科"了，它的大小只有木星的 1/1316，实在太小了。火星是太阳系中与地球环境最为相似的行星，如图 3 所示。

火星是太阳系中与地球最为相似的行星
也是唯一有可能实现大规模移民的星球

▲图 3　火星是太阳系中与地球最为相似的行星

从另一个角度来看，如果把太阳也放进来的话，地球的大小就微乎其微了，太阳系 99.86% 的质量集中在太阳身上。太阳系所有的行星及其卫星、小行星和彗星，这些天体加起来不到太阳系质量的 0.1%。太阳对我们来说已经很厉害了，因为地球和太阳相比，显得如此渺小。但是，在银河系里面，像太阳这样的恒星有 2 000 亿~4 000 亿颗。不过，银河系也只是茫茫宇宙里的一个小山村，我们的地球在银河系这个村子里面是否能够看到村子的全貌呢？我们只是从恒星的山峦之间看到一点银河系的结构。太阳只是这无数颗恒星里面的一颗，但在宇宙中，银河系也已经微不足道了，因为整个宇宙中，像银河系这样的星系，还有上千亿个。

三、有没有外星人

大家经常会问有没有外星人，这个话题在所有公众最感兴趣的科学话题里面排在第一位。从概率上来讲，宇宙中一定有外星人，但是外星生命存在的时间，有可能跟我们的时间不同步。因为宇宙的历史已经有 138 亿年了，太阳系的历史也已经 46 亿年了，可能曾经在某个星球有过外星生命，或者以后会有生命，他们跟我们人类现在的时间是不同步的。

就像大西洋中的小鱼和太平洋的小鱼是真实存在的，但是它们相互之间根本不知道有对方。世界上只有两样东西让我们深深地敬畏和震撼，一个是我们头顶的灿烂星空，一个是我们内心的崇高道德准则。

人类探索的脚步从不停歇，我们以前仰望星空，心存敬畏之心，但是，现在我们不再满足于仰望星空，要把眼睛、鼻子、手放到星球上去，体验地球的与众不同之处，探索宇宙中其他星球跟我们地球的相同与不同。人类航天器对太阳系的各大天体已经进行了很多次探测。2015 年，"新视野"号航天器飞越了冥王星。世界各国已经开展了 230 多次深空探测任务，但中国人还只探测了月球，离地球最近的一颗卫星，我们在深空探测领域还谈不上能够引领这个世界。

中国人对这个宇宙的认识，对教科书里各种自然科学知识的贡献，跟中华民族占世界人口的比例还不相称，任重而道远。

迄今为止，距离地球最远的航天器，到地球的距离约为 185 亿千米，只是 100 多个天文单位的距离，但整个太阳系的半径是 10 万个天文单位。所以，在有限的时间内，人类靠化学燃料的火箭，不可能飞出太阳系，以前有报道说航天器已经飞出了太阳系的说法是错误的。

航天史上有两张有深厚哲学意味的照片，第一张照片叫暗淡蓝点，是"旅行者一号"拍摄的，我们可以发现，从遥远的深空看地球，它只是一个非常暗淡的蓝色的小圆点，并不是很了不起的。不断学习天文知识，会让人变得越来越谦卑，人类、生命、地球上的一切，从宇宙的尺度来看是微不足道的，生命尺度的时间，相对于宇宙的历史来讲，非常短暂。

图 4 中的照片叫"地出"，是"阿波罗 8 号"上的航天员从月球上拍摄到的地球。在地球上，我们每天都可以看到太阳升起，实际上太阳永远

▲图 4　地出

不会升起，因为地球围绕着太阳转，不是太阳升起来了，而是地球转过来了。当你从月球上看地球，地球始终悬挂在月球上空。当你处于不同的世界，你看待这个世界的眼光和以前就会完全不同。所以，天文，能够改变我们的世界观，还有什么事情比改造人的世界观更重要的呢？希望大家不仅要做具体的技术问题，还要有情怀和梦想，这才是决定技术发展的方向。

四、人类的命运

我们需要思考人类在宇宙中的命运，人类在地球上不会永远存在下去。就像地球上曾经出现的无数生命一样，你方唱罢我登场，地质历史上曾经有过的生物，绝大部分现在都消失了。现在地球上已有的生物种类，在地质历史上大部分是没有的。可以预见，人类以后也会灭亡，也会从地球上消失，从理论上讲，这是必然的事情。我们看到，太阳系很多星球上都有密密麻麻的撞击坑，这些撞击坑都是一些环形山。在月球上也是这样的，有密密麻麻的撞击坑。既然地球之外的星球上有这么多撞击坑，地球也绝不例外，肯定也遭受过很多次撞击。所以，地球上历次生物大灭绝，往往跟这些小行星撞击地球密切相关。我们发现，北美洲、澳大利亚、欧洲范围内被确认的撞击坑比较多，为什么中国没有呢？中国人这么幸运，难道老天爷会帮助我们，它不会撞我们？其实不是这样的。全球九大撞击坑如图 5 所示。

再观察一下，地球上被确认的撞击坑多的地方，都是科技发达的地方。以前，我们很多人认为小行星撞击地球这些问题不实际，所以很少有人去研究它。前几年，中国科学院广州地球化学研究所的科研人员在辽宁省岫

▲图5　全球九大撞击坑

岩县，确认了中国第一个撞击坑，中国也开始了这方面的研究。有媒体评出了全球十大撞击坑，其中之一是位于北美洲的墨西哥湾，实际上我们在遥感影像上是看不到的，只有借助声呐等探测仪器，才能显露出海底的地形，原来是个深坑。这次撞击对地球和生命的演化非常重要。全球已确认的撞击坑分布图6所示。

一个很小的塑料小球，就可以把实心的铝板打出很大的坑，根据能量是速度的平方的原理，两个相对速度非常大的航天器的动量也是非常大的，最后造成的影响也非常大。6 500万年前，有一颗小行星撞击了墨西哥湾，造成整个地球大气层的平流层都被尘埃遮挡，太阳辐射没法照射到地球表面，所以，整个地球快速降温，最后变成了雪球，所有的海洋全部结了冰，大规模的物种灭绝开始了。据推测，恐龙灭绝就是小行星撞击导致的。科学家在西藏的白垩纪和第三纪的地层界线中，发现了一层独特的黏土层，其中富含来自地外的铱元素，这种元素在地球上的含量很低，只能来自地

▲图6 全球已确认的撞击坑分布

外。这些研究提供了一系列证据，说明恐龙灭绝是小行星撞击地球导致的。在地球上，恐龙曾经比人类强大得多，它们的个体体重都是几吨到几十吨，人类相对于恐龙这样的大型爬行动物来说，只是小蚂蚁而已。既然恐龙会遭遇这样的命运，人类是否也会遭遇这样的命运呢？

给大家举几个比较近的例子。1908 年 6 月 30 日，在俄罗斯西伯利亚的通古斯地区，有一颗小行星撞击了地球，史称"通古斯大爆炸"（如图 7 所示）。1994 年，苏梅克 - 列维 9 号彗星被木星强大的引力撕成了 21 个碎片，这些碎片先后撞击木星。我们知道，木星是气态行星，碎片撞击后不会留下撞击坑，而是会留下一个个暗斑，其中一个暗斑的大小，可以装下 3 个地球。虽然撞击的是木星，但是，地球人看着也是触目惊心的。3 年前又有一颗小行星坠落到俄罗斯西伯利亚的车里雅宾斯克，这是一颗来自火星和木星之间的小行星，因为小行星的个体比较小，轨道不够稳定，有可能跟地球的轨道相交，进入地球大气层，就引发了这次撞击。

▲图7　1908年6月30日 通古斯大爆炸 燃起数千平方千米的森林大火

五、探索新大陆

　　有很多科幻大片里面经常有壮观的场景，但是中国为什么除了《流浪地球》之外，还没有拍出过像样的科幻大片？因为我们长期做不出科技感和科幻感很强的道具，也没有科学家深度参与进去，光靠文艺片导演是拍不出来的。我们人类面临的重大天文灾难，远不止小行星撞击地球，还有很多的东西都会涉及我们人类在地球上的生存。

　　500年前，哥伦布发现了新大陆，那是一个大航海时代。他们从欧洲出发，到了美洲大陆、非洲大陆、大洋洲、太平洋和大西洋中的很多岛屿。现在我们发现，在这些大陆上，在太平洋、大西洋的岛屿上都有欧洲人，欧洲人在那个时代已经把他们的足迹踏遍了地球的每一个角落，而那个时代正好是中国的明朝，明朝实行了海禁，渔民连出海打鱼都是违法的。如果我们的祖先那时候比较开放，说不准现在全世界到处都有我们中华儿女的足迹。

2015 年 7 月 14 日，人类第一个飞越冥王星的航天器"新视野号"（如图 8 所示），飞行速度每小时 7.5 万千米，作为全人类迄今为止飞行速度最快的航天器，还是经历 10 年的太空飞行才飞到冥王星。曾经看起来很暗弱、很小的冥王星，展现给人类的第一面居然是一个萌萌的爱心图案，真是意味深长，谁也想不到，甚至搞科幻的人也想不到，冥王星会以爱心来迎接人类的航天器。

500 年后的 21 世纪，我们迎来的是大航天时代，航天领域是未来经济的蓝海。2015 年我写了一篇文章谈到，2015 年是中国航天元年，航天应该让每个人都可以接触到，都可以从中受益，都可以分享它的成果。我们看到，在美国、日本这样的设想已经慢慢变成现实，中国也要促进这个过程发展。

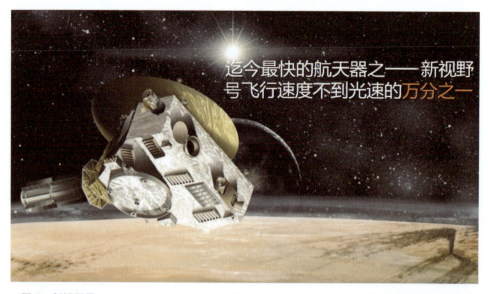

▲图 8　新视野号

六、从地球出发

冥王星所在的区域，我们称为太阳系的新大陆，以前是在地球上探索新大陆。500年以后，我们要在太阳系范围内开拓新大陆。我们从地球出发，先到离地球38万千米的月球，下一步再去火星，这是全世界共同的主张，世界各国的探索路径都是类似的。

1969年到1972年的3年时间里，12名航天员分6次登陆月球，阿姆斯特朗说了一句意味深长的话：这是我个人的一小步，却是人类的一大步。第一次登月，说明人类有能力用脚踏上另外一个星球，是人类历史上跨时代的一步。而在不远的将来，中国有实力完成类似的举措，再次实现人类航天历史上的第一次。

2016年有一部名为《火星救援》的美国科幻电影，充满了扎实的硬科技内容，简直已经不再是一部简单的科幻片了。人类驻扎火星，这是电影里出现的场景。但是，我们在地球上可以做类似模拟火星的环境。不久前，有一个荷兰科学家，用模拟火星土壤种出了蔬菜。火星上曾经有过非常浓厚的大气，有过比较温暖舒适的环境。科学研究发现，火星上现在仍然还有液态水，这就给我们人类移民火星提供了很大的希望，有水就说明火星将不是荒芜之地。

我们要从地球出发去往月球，因为月球是永不坠落的空间站，离地球38万千米。我们可以在那里面建立对地观测的基地，建立一个天文观测的基地，还可以建立一个对月球本身进行监测的基地。因此，月球是一个非常好的平台，地球和月球之间，大概一周左右就可以往返。

七、飞向火星

在我们的头顶 400 千米的高度，相当于北京到石家庄的距离（如图 9 所示），有一个国际空间站，有 7 名宇航员长期在那里工作。但人类探索太阳系或者向外星移民，一定绕不开火星。下一步，我们再去火星，过程很困难，简单打一个比方，相当于用交通工具把 4 名宇航员塞进一个卫生间大小的空间，要在那里待上一年半，这里面会遇到巨大的心理问题，以及物资供应问题等很多的科技问题。这才是硬科技，任何一项突破，都是人类科技的重大突破。

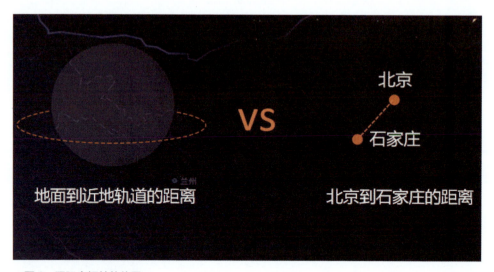

▲图 9　国际空间站的位置

火星不再是遥不可及的所在，火星探索或者载人登陆火星的条件涉及两个方面：一是科学方面的需求，我们要对火星了解得非常清楚，因为我们要去一个地方，首先要非常详细、精确地了解它的环境特征、大气、水、土壤，我们了解透彻了，才敢去这样的地方。所以，第一步是全面进行火星探测，进行相关准备：我们还需要什么样的技术提升，怎样登陆火星，怎样穿越火星非常稀薄的大气层，怎么熬过登陆时黑色的 7 分钟，等等，这些都是对航天技术的重大考验。解决了大部分问题之后，人类登陆火星的梦想就不再遥远。我预测，20 年以后，人类将首次登陆火星。但是，登陆火星的人里面有没有中国人？我预想，这应该是一支国际合作的团队，可能会有美国人，也可能会有日本人，也可能会有欧洲人，会有三四名宇航员登陆火星，我希望这里面有中国人。

火星是整个太阳系里面与地球环境最相似，也是经过改造后有可能适合人类长期居住的唯一天体。人类登陆火星的第一步是探测火星，接着是载人登陆火星，然后是改造火星，最后是移民火星。当然，移民火星还非常遥远，改造火星也非常漫长，这里面有很大的不确定性，我们要非常谨慎。地球上的物种在火星上怎么发展是无法预料的，科学家在这方面必须慎之又慎。移民火星需要解决的生存条件如图 10 所示。

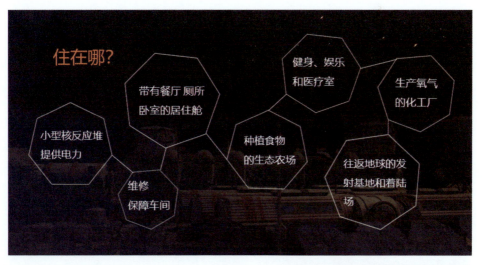

▲图 10　移民火星需要解决的生存条件

八、未来可期

　　最后送给大家几句话。太空探索是理想和激情支撑的事业，勇于探索的心永远年轻，敢于挑战的人永远自信。太空探索是全人类共同的事业，月球不属于任何一个国家，它属于全人类。火星也不属于任何一个国家，它属于全人类。但是，全人类这么多个国家，谁能实现这些目标，还不确定。所以说，深空探测是一个大国的视野，我们看那些小国家，不管它多富有，它基本都不搞深空探测。深空探测需要电子、材料、通信、结构等领域的全方位支撑。中国是一个大国，中国一定要做深空探测，而且不仅要成为深空探测的大国，还应该成为深空探测的强国。中国人占世界人口的1/5，大家永远不要忘记，我们对全人类负有的责任，希望大家思考这个问题。如果我们不能对人类文明有影响和贡献，中国人在这个世界上是不能挺直腰杆的。

蓝色星球的秘密

01

生态气象与美丽中国

◎ 钱 拴
国家气象中心

我们人类赖以生存、繁衍的地球是一个大的综合的复杂的系统。该系统由草原、森林、农田、荒漠、湖泊、湿地、海洋等不同的生态系统组成，也可看成是由大气圈、水圈、冰冻圈、岩石圈和生物圈（包括人类自己）组成的多圈层相互作用的地球系统。

我们大家都知道，天气和气候不仅影响我们人类吃的、喝的、用的，还影响我们人类的活动和生存环境。不利的天气和气候变化以及气象灾害甚至给我们人类的生产、生活、生态、生命财产等均可能造成较大的影响甚至巨大的灾难。

短期的天气变化造就了五彩斑斓的天空，彩虹、彩霞、雨幕、乌云、闪电、打雷、飞雪等，还有那令人心旷神怡的蓝天白云。气候虽是大气的长期平均状态，具有一定的稳定性，但也发生变化，如四季气候造就了丰富多彩的大地景色。气候也是一种重要的自然资源，决定着自然植被的分布，影响我们人类生存的生态环境质量。因此，生态文明建设离不开气象保障，从气象角度研究天气气候对生态系统的影响及其反馈作用、天气气候与生态系统"水、土、气、生"的关系以及地球多圈层相互作用，研发气象服务技术，可以为生态文明建设提供技术支撑，高效助力实现"美丽中国"。

一、天气气候与生态系统、"美丽中国"的关系

天气气候变化影响着地球上的一切生态系统，关系着"水、土、气、生"的状态（如图1所示）。地球上的生态系统时刻受天气变化的影响。气候是大气物理特征的长期平均状态，时间尺度一般为月以上，如月、季、年，但月以上尺度的气候也是变化的，受影响的生态系统也发生月、季、年尺度的变化。春季，温暖花开，大地泛绿；夏季，绿草如茵，树木葱翠；秋季，大地金黄，硕果累累；冬季，草木凋零，白雪皑皑。

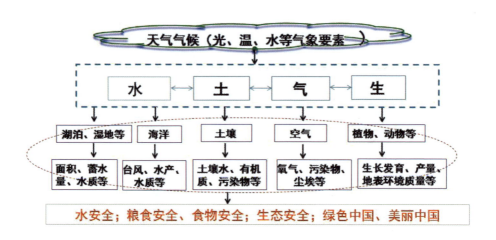

▲图1 天气气候与生态系统"水、土、气、生"和"美丽中国"之关系

生态系统提供多种服务功能，如植被具有固碳释氧、涵养水源、保持土壤、防风固沙、调节气候、改善生态环境等作用，为我们人类提供了绿色、舒适甚至多彩的生存环境。生态系统也为我们提供各种各样的食材、用材，其中农田生态系统中小麦、玉米、水稻等作物经历播种、出苗、营养生长、开花结实、灌浆成熟，为人类提供粮食；草原生态系统中牧草春

季返青、夏季旺盛生长、秋季黄枯，为牲畜提供食草，牲畜为人类提供畜产品；森林生态系统为人类提供木材、森林附带品。可见，天气气候变化不仅影响着我们人类生存的生态环境质量，还关系着人类的食材、用材来源；它们既是自然资源的重要组成部分，也是影响人类生存的生态环境质量和人类生产、生活等方方面面的重要自然因子。

二、气象与生态文明建设的关系及其重要作用

气象是指发生在天空中的风、云、雨、雪、霜、露、虹、晕、闪电、雷、雾、霾等大气的一切物理现象。气象部门研究大气发生发展的规律、特点，制作发布天气预报、气候预测；同时，研究天气气候与生态、农业、交通等行业的关系，制作发布专业气象监测预测评估服务产品。气象部门具有全国地面气象综合观测网，可以实时观测全国地面光、温、水、风等气象要素和主要生态系统的生态气象要素等，为我们了解天气气候变化及其对生态系统以及"水、土、气、生"的影响提供科学数据。此外，气象卫星可以每天监测全球大气、地表，为我们提供实时的大气运动和地表生态状况。

我国是自然灾害发生频繁、灾害种类繁多、灾害损失严重的国家，气象灾害约占自然灾害的70%。我国每年都会由于干旱、暴雨洪涝、台风、冰雹等灾害造成部分地区生态环境质量低下、粮食减产、人民群众生命和财产遭受损失。并且，随着经济的高速发展，气象灾害造成的损失亦呈上升趋势，直接影响着社会和经济的发展、生态环境质量的改善和提升。另外，不利的气候变化甚至可能造成生态系统逆向演替，生态环境变得更加

脆弱、质量低下；有利的气候变化可以为我们人类提供优质的气候资源，我们可以对其充分利用，生产优质生态产品，美化提高我们的生态环境质量。所以，气象部门是一个主要研究大自然中天气气候变化及其对各方面影响的部门，可以为人们尊重自然、顺应自然和保护自然提供科学知识、技术服务；同时，气象部门又是开展气象灾害监测预测、可以为防灾减灾提供服务的重要部门，在生态文明建设中具有助力实现"美丽中国"的重要作用。

特别是近几十年来，我国经济快速发展而资源约束趋紧、环境污染严重、生态系统退化以及经济发展的不平衡、不协调等，已成为影响我国可持续发展的突出问题。2012年11月，党的十八大将生态文明建设纳入"五位一体"总体布局，提出大力推进生态文明建设，促进形成资源节约和环境保护的空间格局、产业结构、生产方式及生活方式。2017年10月，党的十九大指出，人与自然是生命共同体，建设生态文明是中华民族永续发展的千年大计，人类必须尊重自然、顺应自然、保护自然，"坚持人与自然和谐共生"是新时代坚持和发展中国特色社会主义的基本方略之一，国家从"推进绿色发展、着力解决突出环境问题、加大生态系统保护力度、改革生态环境监管体制"等四个方面加快了生态文明体制改革，建设美丽中国。

天气气候作为影响地球生态系统最活跃、最直接的驱动因子，对我国生态文明建设有着重要的影响。特别是重大气象灾害及其衍生次生灾害给生态环境造成的破坏、人类生命财产造成的损失，不利气候变化造成的生态系统逆向演替等，关系着生态文明建设的成效。可见，气象工作与国家生态文明建设息息相关。

我国地域辽阔、气候多样、生态类型丰富，不同区域遇到的生态问题大不相同，生态文明建设需要气象部门帮助解决的问题亦不同，如：北方和西部地区草原生态恶化、沙尘侵扰突出，西南地区石漠化严重，太湖、滇池蓝藻水华爆发等，均需要气象部门针对不同区域的不同生态问题，研发具体的气象服务技术，提供有针对性的服务保障，以助力国家生态文明建设决策，助力生态系统保护、修复，助力做好污染防治。

三、气象部门围绕生态文明建设已做的服务保障工作

20 世纪后半叶，我国陆地植被破坏严重，地表生态恶化引起了社会的关注。气象部门以需求为引领，2002 年以来围绕国家生态保护和建设的需求，拓展到生态气象领域，陆续开展了全国草原、森林、农田、荒漠等重要生态系统和全国陆地植被生态气象监测评估研究和服务，2007 年初步建立了国家级生态气象业务。此后，每年监测评估全国植被生长、地表绿色状况，评价气象条件的影响，分析生态保护工程的效益，结合天气气候趋势预测，提供对策和建议。2016 年以来逐年制作发布《全国生态气象公报》（如图 2 所示），建立了监测评估地表绿色美丽度的国省协同的生态气象监测评估业务。2013 年，我国大气污染严重，气象部门拓展了环境气象服务领域，发展制作了《大气环境气象公报》。同时，气象部门围绕生态文明建设需求，开展决策气象服务，为生态文明建设提供气象智慧。

对于发生在不同生态系统、不同方面的生态问题，气象部门提供针对性的气象服务技术和助力解决方案。如气象条件、气象灾害对草原、森林等植被的影响，气象部门提供了气象条件影响下不同陆地生态系统的植

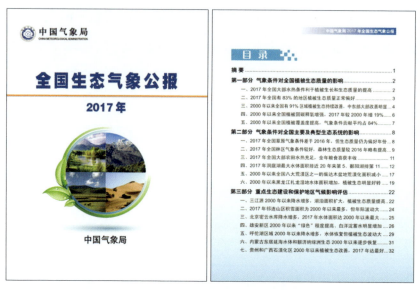

▲图2　中国气象局发布的《全国生态气象公报（2017年）》

被生产力、覆盖度、固碳释氧水平、产草量、载畜量、森林固碳量、作物产量等以及生态环境质量及其动态变化的监测评估和预测结果；对于影响生态环境质量的重大气象灾害，气象部门提供了干旱、暴雨、台风等气象灾害对生态安全的影响预警评估服务产品，以便提前掌握灾害风险，做好灾害防御。对于长期气候变化对生态系统的影响问题，气象部门提供了趋利避害的应对气候变化建议，助力生态文明建设和农业生产利用有利的气候资源变化，规避或减轻不利的气候变化、极端气候事件的影响。

针对我国最大的陆地生态系统——草原，还专门研发了全国草原生态气象监测预测技术，形成了逐月气象监测预测服务产品。产品内容包括草原植被生长气象条件优劣评价、植被净初级生产力估测、产草量预测、可载牲畜量预报、草原植被覆盖度估测、草原生态质量监测评估以及草原植被返青期、盛草期、黄枯期气象预报；特别针对草原防灾减灾需求，研发了草原干旱监测评估技术、鼠虫害发生发展等级气象预报技术、气候变化影响评估预评估技术，为草原生态保护和修复提供多面的气象服务和保障。例如，2018年全国草原生态状况气象影响评价结果显示：我国北方和西部主要草原区4—9月主要生长季降水量偏多，牧草长势好，植被覆盖度高，产草量达2000年以来最高，草原生态质量达2000年以来最好。

此外，针对国家重点生态保护和建设区域，开展了三江源、雄安新区、长江中下游等地湖泊湿地生态气象监测评估和北方荒漠化、南方石漠化以及黄土高原水土流失、青藏高原生态状况气象影响评估，为重点区域生态保护和修复提供气象智慧；开展了气候与气候变化对生态环境质量的影响评估、气象灾害对重点区域生态安全影响的预警评估、地方生态文明建设绩效考核气象条件贡献评价、重点生态功能区气候生产潜力评估和气候生态宜居评估等研究和服务，科学、定量地给出最新的监测评估和预测预警结果。

四、未来围绕生态文明建设，气象部门可做的工作

面对人们对美好生态环境、优质生态食材用材、"美丽中国"的向往，未来气象部门将根据"山、水、林、田、湖、草、城、海"等不同地表类型的具体生态保护和修复的需求，针对不同生态系统、不同区域存在的突出问题，充分利用地面气象观测资料、气象卫星遥感资料，加大生态气象服务技术研发力度，发展机理性生态模型和气象监测、影响评估预测预警模型，基于云计算、大数据、移动互联等现代技术手段，从生态系统及其

"水、土、气、生"等方面，研发具体的生态气象监测预测预警服务产品，为实现"天蓝、地绿、水洁、土净"提供气象保障服务。

五、公众运用气象知识、收看天气预报，做到顺应和保护自然

作为地球一员，我们应深刻反思，我们吃的、喝的、呼吸的、用的，哪一样不是来自地球的生态系统及其"水、土、气、生"？它们是我们人类赖以生存的最基本的自然条件。我们人类应敬畏自然给予的一切，做到顺应自然、科学地保护和利用自然。

我国的二十四节气就是我们古人总结出的尊重自然、顺应自然和利用自然的典范。可见运用气象知识，可以指导我们生产、生活。运用气象知识，也可以让我们在保护自然、恢复生态中节约成本、省时省力。如大树下覆盖的自然树屑，这种取自自然、不用管理却能长期蓄墒保墒、抑制蒸散、防预干旱的经济省力的生态模式可以在园林绿化中发扬光大（如图3所示）。

天气预报伴随我们公众生活的每一天。我们都记得每天晚上新闻联播之后CCTV-1那娓娓动听的音乐，每天晚上在新闻联播之后准会带来未来三天全国天气预报。生动形象的全国气温、降水预报图，时不时播出的干旱、山洪地质灾害，草原、森林火险等气象预报图，还有那春播、夏收和秋播关键农时农用天气预报图，都给我们留下了深刻的印象。我们还可以通过手机、网络、报纸等各种新闻媒体，收看收听天气预报。天气预报已经成为我们日常生活的一部分，成为公众用来指导衣、食、住、行的

行动指南。

实际上，我国生态文明建设关系到我们每一个人，尊重自然、顺应自然、保护自然是我们每一个公民应尽的义务和责任，我们要爱护我们的地球、爱护我们的生存环境。那么，我们如何运用气象知识和天气预报、气候预测等，做到顺应自然、保护自然、提高我们的生态环境质量呢？

首先，我们可以通过网络、图书、手机、电视等各种途径，了解气象知识，了解天气气候变化对我们生态环境、食材用材生产等的影响，做一个自然知识丰富的"达人"，就像我们每个人对二十四节气了如指掌一样，用以指导我们的生产、生活。其次，在掌握气象、地理等科学知识的基础上，我们每一个人要懂得运用科学知识，指导自己尊重自然规律、顺应自然、保护自然，不做违背自然规律、破坏生态环境的事情。如不随意丢弃不易自然降解、可能污染水土的塑料袋、电池等非有机垃圾，做好垃圾分类管理；不向水、土壤和大气中排放有毒、污染物质，避免水、土、气污染；不在气候不适应林木生长的地方种树，免得树木成活不了，还造成水

◀图3 蓄墒保墒、抑制蒸散、防预干旱的经济省力的生态模式

分消耗过多、生态更加脆弱；不在山洪地质灾害易发地点、地势较低的湖泊湿地旁边搭建房屋，以避免强降水造成生命财产损失。最后，我们还可从电视、网络等媒体，获取天气气候预测预报以及暴雨、台风、沙尘、寒潮、高温等灾害影响预报，用以指导我们的行动，保障生态、生产、生命财产安全。关注气象部门发布的有关生态环境质量的气象监测评估、生态服务功能气象影响评估、生态气象灾害监测预报预警、气候资源利用、气候变化影响预估评估、生态修复人工影响天气作业等方面的产品或信息，我们可根据各自所需，运用在日常行动中，形成全社会"知晓气象科学知识、尊重自然、关爱自然、保护自然"的氛围，加快改善我们生存的生态环境质量，充分享用优质生态食材、用材，不断提高我们的幸福指数。

02

与天共处
——现代气象服务起源与应用图景

◎ 柳艳香
中国气象局公共气象服务中心

一、"天者，阴阳、寒暑、时制也"

"冯翼惟象，何以识之？"这是诗人屈原在《天问》中对大气回环流转现象的观察与发问：气流无相无形，我们如何能够了解它呢？

在现代科学发轫之前，人们对大气现象的观察与解释往往掺杂了来自神话、星象或者宗教的影响和想象，尚且要待人类文明千余年的探索，才能迎来现代气象科学的诞生。但不同文明、不同地域、不同时期的人们却都经历了对"天"的敬畏、探索、预测与利用——"与天同处"，这一命题伴随着日升月落的天幕构成了人类历史画卷的底色。

《孙子兵法》在开篇论述战争胜负之道时讲，有五种对战争起决定性作用的因素："一曰道，二曰天，三曰地，四曰将，五曰法……天者，阴阳、寒暑、时制也。"在孙子的论述中，"天"便是指昼夜、晴雨、寒冷、炎热、季节气候等气象变化。孙武将气象变化作为战争胜负的决定因素之一。当千百年前的风雨时光远去，我们再回首能看到的便是"天象"在一场场历史战事中留下的痕迹。《三国演义》中耳熟能详的"借东风""草船借箭"便是巧用地形、风向变化的天气条件取得战争胜利的成功典范。

二、从"草船借箭"到天气预报服务——气象科学的诞生与发展

"草船借箭"的故事就像一个缩影，当我们将目光投向更加广阔的时间线，依旧可以发现战争对气候资源的利用，以及对现代气象科学诞生的推动。

比如海洋气象预报便起源于 19 世纪中叶的克里米亚战争。1854 年 11 月初，克里米亚战争中，英法联军舰队损失惨重，被称为"法国海军骄傲"的旗舰"亨利四世"也在狂风巨浪中沉没于黑海。于是拿破仑三世责令时任法国巴黎天文台台长的勒佛里埃调查这场风暴。他向周边国家收集了 1854 年 11 月 12—16 日 5 天内当地的天气情报，分析了风暴的移动路径，发现黑海风暴来自茫茫大西洋，自西向东横扫欧洲。早在 12—13 日，欧洲西部的西班牙和法国已先后受到它的影响。如果能事先预报出风暴的移动路径，这次损失是可以避免的，于是他提出为海军建立风暴预报和警报系统的建议。这便是世界上第一家天气预报服务公司的开始。两年后，法国的天气预报服务扩展到了整个欧洲，为军舰，航运、渔业等提供天气服务。现代的海洋运输公司对气象导航服务依赖度更高。

1962 年美国《应用气象学杂志》的一项研究表明，针对美国葡萄酒业量身定做的商业天气预报可以最大限度地帮助行业提高收益并减少损失。同年，知名气象学教授麦尔斯（Joel Myers）创立 AccuWeather 气象预报公司。该公司现在已经发展成为全球最大的商业气象预报公司，业务涵盖电视台、电台、报纸、手机、网站等载体的气象服务。2005 年 8 月的卡特里娜

飓风对新奥尔良造成的巨大破坏记忆犹新，那是迄今为止导致死亡人数最多的飓风（约 1 836 名美国人丧生），但美国国会认为，AccuWeather 的天气预报至少拯救了 1 万人的生命。

三、与天共处——现代气象服务图景

（一）公众气象服务

当代的气象服务已经深入各行各业，对我们的生活和工作都有巨大的影响。所谓的公众气象服务也是一种较为传统的天气预报和灾害天气预警服务，它仅提供大气变量及其变化的情况，是为广大民众提供风雨雷电、阴晴冷暖等天气预报，其中包括降雨、气温、风力等基本信息，天气预警也只重视基于天气的灾害。

在我们生活中会遇到的各种突发气象灾害中，需要发出预警信号的一共有 16 种，包括台风、暴雨、暴雪、寒潮、大风、沙尘暴、高温、干旱、雷电、冰雹、霜冻、大雾、霾、道路结冰、雷雨大风、森林火险。预警信号的级别根据气象灾害可能造成的危害程度、紧急程度和发展态势一般划分为有蓝色、黄色、橙色和红色四个等级（Ⅳ、Ⅲ、Ⅱ、Ⅰ级），分别代表一般、较重、严重和特别严重。不同级别的预警信号对应不同程度的天气过程，特别严重的是Ⅰ级红色预警。

（二）决策气象服务

决策气象服务是向相关政府管理部门提供的气象服务，目的是协助决策者做出合理的防控措施和建议，部署开展防灾减灾工作。比如，联合交通运输部发布公路交通气象预报，联合森林和草原局发布森林火险等级预报，联合国土资源部和 31 个省、市、自治区发布地质灾害气象风险预警，以及联合水利部发布山洪灾害气象预警，等等。这些针对特定领域的专业气象报告可以给政府管理部门提供更全面、更科学的决策依据，便于相关部门及时制定防灾减灾保障措施，确保人民群众生命安全和减少财产损失。

针对政府部门的重大活动、专项议题和重要节假日，决策气象服务也会提供更具有针对性的精细化气象服务专报。如对 APEC、G20 峰会、金砖会晤等重大活动，不仅提供临近及短时天气预报，还要提供会议周边区域机场、铁路、主要公路的交通气象预报，确保参会领导人行程安全和会议顺利举行。我国的重大节假日，如春节和"十一"长假，精细化的交通气象保障服务必不可少。每年春运期间（春节前后 40 天左右），为保障广大民众长途旅行的需求和交通安全，每日提供全国主要陆面交通气象预报、灾害性天气与出行预测的专报。而国庆长假主要是外出旅游度假，除了保障航空和陆面交通气象安全外，还要为自驾游者提供主要公路交通气象预报的个性化服务，以提升游憩体验快乐度。

在地震救援工作中，灾区的适时天气预报是防灾救灾指挥决策的重要依据，要确保灾区及其周边地区救治伤员和运送救灾物资通道的畅通，必须及时了解由于灾区降雨（降雪）造成的道路湿滑、路面积水（积雪、冰冻）、塌陷以及滑坡、泥石流致使救灾道路受阻情况，便于及时调整救援策略，降低损失。

（三）专业气象服务

专业气象服务是为经济社会特定行业和用户提供的有专门用途的气象服务。它可以通过气象服务产品加工和信息技术应用，提高服务产品的针对性和满足个性化的服务需求，使国民经济各行各业的不同生产过程对气象条件的特殊需求得到满足，可以达到提高功效、减少消耗和损失之目的。与传统的天气预报相比，它是基于天气对行业产生的影响的预报和预警，一方面，这种基于影响的预报和预警也仅仅考虑了灾害性天气和承灾环境的脆弱性，也就是只给出了预期的天气状况产生的可能影响；另一方面，除了考虑灾害性天气、承灾环境脆弱性之外，还考虑了承灾环境的暴露度，这种预报和预警会提供细化到单个个体、具体活动或社区的信息，所以，前者是比较粗放的服务，而后者则是精细化的服务。

著名的德尔菲气象定律指出："企业气象投入与产出比为 1∶98，即在气象信息上每投资 1 元，便可以得到 98 元的经济回报。流通类销售额的 65% 取决于天气，气温相差两三度，超市商品销量就会相差一两倍。"在专业气象服务市场非常成熟的美国，有 350 家以上的商业气象服务公司活跃于市场，这些公司每年产生 60 亿美元以上的市场价值，有近 1 600 亿美元的产业价值受到这些气象服务的影响，而且美国的气象服务市场仍在以每年 25% 的增幅快速成长。所以，在经济总量大、增速快的国家，投入产出比会更高，整体气象服务相对较为充分的国家，投入产出的边际效益则会递减，如美国是 1∶7，新西兰是 1∶17，而中国是 1∶40。中国的气象经济市场存在较大的潜力。

弗里德黑姆·施瓦茨（Friedhel Schwooz）在其著作《气候经济学》中明确指出："天气在全世界五分之四的经济活动中扮演着决定性的角色。除了'靠天吃饭'的农业外，旅游、航空、航海、商业零售、快递物流、建筑业等，都对天气颇为敏感。"气象环境专家认为：流通业销售额的 65% 取决于天气，因为天气直接影响人的生理、心理，支配他们的消费行为。

1. 气象服务与农业

农业是人类社会赖以生存的支柱产业。古人通过观察太阳周年运动以及一年中时令、气候、物候等方面的变化规律，总结出了二十四节气，包括立春、雨水、惊蛰、春分、清明、谷雨、立夏、小满、芒种、夏至、小暑、大暑、立秋、处暑、白露、秋分、寒露、霜降、立冬、小雪、大雪、冬至、小寒、大寒。在国际气象界，二十四节气被誉为"中国的第五大发明"。2016年11月30日，二十四节气被正式列入联合国教科文组织人类非物质文化遗产代表作名录。

二十四节气在农业生产上的重大意义在于"候之为宝"，据"候"安排农业生产，则顺应了农业气象规律的"得时之和"。所以，从立春开始，就进入了一年中农事活动的开端，不同的节气开展不同的农事活动，如施肥除草、春耕播种、夏收秋收等。对"靠天吃饭"的农业，适宜的气象条件，如温度、降水、风等天气因子对农作物的生长、发育及产量有着极大的关系，它们直接影响农作物的收成。但是极端天气对农作物的影响也非常大，不仅会降低产量，有时甚至会导致颗粒无收，如冰雹、寒潮、干旱、低温冻害等对农作物造成的危害不可小觑。

2. 气象服务与交通

天气气候变化对交通运输有直接的影响，尤其是极端天气事件，如强降雨、暴雪、冰冻、强热带风暴、雷暴、高温、热浪以及沙尘暴等，极端的天气也会导致洪水、滑坡、泥石流、雪崩等，对公路、铁路、航海和航空的正常运行造成极大的影响，对交通运输的设备、地面设施造成不同程度的损坏。现代公路交通运输对气象条件具有高度敏感性，其追求的快速、高效、安全、准时，在相当大程度上受到气象因素特别是灾害性、高影响天气的影响和制约，由此引发的交通事故和交通阻断，对交通运输安全、人民生命财产安全造成严重影响。据统计，我国的公路交通事故中有近30%发生在恶劣的天气条件下。2005年8月，强台风"麦莎"横扫中国东部地区，给沿途交通运输造成巨大损失，船舶停航，机场关闭，交通设施损坏严重。2008年年初，历史上罕见的低温雨雪冰冻灾害天气给交通运输带来巨大影响，部分地区交通运输全部瘫痪，近21条国道约4万千米路段通行不畅，上万车辆和人员被困。2017年11月15日，安徽滁州高速因团雾突发，造成30余辆车连环相撞，18人死亡，21人受伤。

交通气象灾害风险具有自然和社会的双重属性，天气现象、地质和地理状况等自然条件，路网密度、道路负荷及经济水平等社会要素，均影响交通灾害风险的程度。在交通气象灾害风险评估指标体系中，主要包括高影响天气因子的危险性，孕灾环境的敏感性、暴露性和脆弱性，以及防灾减灾能力。交通气象灾害风险，主要是某种极端天气事件对道路设施、交通工具和乘交通工具的人员产生的影响。

以高速公路为例。高速公路是暴露在自然环境中的人工构造物，高速公路交通气象灾害风险是指发生在高速公路沿线的气象灾害对交通系统产生的影响，包括交通车辆、人和财产及其遭受损害的程度，同时也要考虑降低风险的防灾减灾能力，即受灾区能够从气象灾害中恢复的时间和程度，防灾减灾能力越高，可能遭受的潜在损失就越小。

影响高速公路交通运输的高影响天气因子是降雨、低能见度、冰冻雨雪和大风。这些气象因子发生的强度、持续时间和出现频率都会对高速公路交通运输安全产生一定的危险性。降雨对公路交通的影响非常明显，尤其是出现暴雨或短时间内降雨量较大时，可能会冲毁或淹没路基、路面、涵洞等，导致路面积水，诱发路面翻浆、开裂、塌陷和路基边坡滑塌，同时降雨对路基边坡的冲刷会形成雨沟、洞穴甚至导致路基掏空等灾害，严重威胁公路的使用寿命和行车安全。低能见度是包含由雾、霾、沙尘以及降水（降雨和降雪）、吹雪等导致的能影响高速公路交通运行安全的可见度降低的天气现象。

驾驶人员的可视距离降低会导致其获得交通信息的准确性和及时性降低，就会影响驾驶员的观察力、判断力和操作力，从而影响交通安全。

冬季，低温、降雨、降雪、雨夹雪等天气对道路交通的影响非常大。我国北方冬季气温较低，基本以降雪为主，而南方大部地区则是以降雨为主，当气温或地表温度较低时（低于 0℃）路面会结冰。冰冻雨雪发生时，道路会产生雪阻或路面结冰，随着气温的日变化，会造成雪融、结冰等反复过程，路面易产生"黑冰"现象（黑冰是一种很薄的、覆盖在道路上难以发现的冰层。由于其很薄，道路本身的沥青颜色会从中透射出来，造成冰面的被视度很低，与道路融为一体，极难被发现，对交通安全造成的潜在风险更大）。

达到一定级别的风力会使车辆的行驶阻力增大，容易在高速行驶的两车之间形成气体对流等干扰现象，影响车辆行驶的稳定性和车辆的易控性，易发生交通事故。如果车辆侧向或横向受风，则高速行驶的高架货车和大型客车容易发生车身倾斜，严重时甚至发生车辆颠覆。

交通气象灾害风险中孕灾环境的敏感性、暴露性和脆弱性都是指高速公路所处的自然环境和暴露在高速公路上的所有交通车辆、人员和物资所遭受高影响天气因子威胁的潜在风险。所以，对交通气象灾害风险的预报预警，就是为了将交通气象灾害风险关口前移，开展有效的灾害早期预警与风险管理，以期达到预防和减轻灾害损失之目的。

3. 气象服务与旅游

天气气候对旅游的影响仅次于对农业的影响。不同的天气气候条件会造就不同的景观资源，气象景观资源是以由冰、雪、云、霞、星、日、风、雷电变幻而来颇具美学观赏价值的气象景观为主体，融合山、川、湖、海及现代设施构成的独特的自然区域，具有较高的观赏价值，是当代社会极具特色和价值的风景线。

旅游气象服务主要包括旅游天气预报、旅游气象灾害风险预警，以及对气象景观资源的挖掘和研究应用。最常见的旅游天气预报，就是对游客提供的各景区的天气实况和预报，旨在让大家巧妙利用天气，避开不良天气影响，增加游憩体验。这种天气预报在电视、网站、手机端以及景区的 LED 大屏幕上都可见到。旅游气象灾害风险预警则是提前告知某种极端天气对景区设施、游人游客所产生的不利影响，如受强降雨的影响，景区中经常发生滑坡、泥石流的局部区域，易被雷击的区域，除了要矗立警示牌外，还要及时告知附近区域的游人尽快进入安全区域躲避，对漂流、攀岩等刺激冒险的娱乐活动等，也要及时关停，等待景区管理人员的通知。

气象景观资源具有很大的利用价值和社会效应。在全域旅游的倡导下，健康旅游、生态旅游、养老旅游等各种形态的旅游活动应运而生，相应的气象景观资源，如天然氧吧、气候标志地区、避暑及避寒胜地等这些对人体健康有益的景区也逐渐广为人知。对气象景区资源的挖掘利用和规划也是旅游气象很重要的内容，比如，号称世界第三极的青藏高原的纳木错湖，在终年积雪的念青唐古拉山的主峰的映衬下，熠熠生辉，被当地人称为神湖圣水，其独特的地理位置和气候条件造就了这个地方神秘而又多姿多彩的景观：雪山、冰川、湖泊等静态气象景观各擅胜场，晴雨骤替、云状幻化等动态天气景观变幻莫测，日出日落、朝云晚霞、星空霓虹等大气光学景观多姿多彩，雷电破空、游龙吸水等极端天气景观蔚为壮观，风能、太阳能等气候资源绿色景观和谐共生。纳木错地区具备建设高品质国家气象公园的自然条件，开发潜力很大。

自然生态中气象资源的壮阔与瑰丽充满了神奇与迷人的色彩，更多天地交汇下产生的未知、奇特的气象景观资源还静静隐匿于这颗蓝色的星球中，有待探索与发现。

（四）气象服务与健康

关于天气气候与健康的关系，早在我国古代医书《黄帝内经》中就已有论述："阴阳四时者，万物之始终也，死生之本也。逆之则灾害生，从之则苛疾不起，是谓得道。"又说："治病不本四时，不知日月，不审逆从，故病变化。"由此可见，天气气候的变化对于人体健康的影响是何等的重要。

天气的剧烈变化，如冬季冷空气或寒潮来袭，气温急剧下降，伴随着大风和降雨降雪，这种阴冷天气外加风寒效应使得人体感觉极不舒适，导致人体免疫力下降，使感冒、哮喘等疾病的发病率增加。另外，温度骤降，也会使人体周表血管收缩，血管收缩压增大，血压升高，心脏负荷加大，易诱发或加重心脑血管疾病。尤其是老人、小孩和敏感人群以及有基础性疾病的人群，发病的风险就会大增。

极端高温天气对人体健康的影响也是非常大的。高温下人体排汗量增加，水分丢失严重，如果不能及时补充水分，一方面会影响人体的热平衡和水盐代谢，除导致中暑外，还会增加精神疾患人群的风险。另一方面高温也会导致血液黏稠，诱发心脑血管疾病。

极端的高温和低温以及气温的急剧变化对心脑血管疾病都有很大影响，气压的变化也会影响到心脑血管疾病，气压对人体产生的影响可以分为生理和心理两个方面。当气压降低时，肺泡中的氧分压和动脉血管中氧的饱和度就会降低，导致人心跳加快、呼吸急促，进而引发心脏病。气压对心理造成的影响主要使人体植物神经紧张，肾上腺激素增加，血压升高，最终导致血管梗塞、血糖急升。

空气污染严重威胁着人们的身体健康，凡是有空气污染的地方几乎无人能幸免。空气污染对人体的危害可以分为直接危害和间接危害。直接危害包含急性和慢性两种，急性危害是指污染物浓度在短时间内急剧增大，大量污染物进入人体造成急性中毒，最典型的例子就是 1952 年 12 月 5—8 日震惊世界的英国伦敦烟雾事件，导致 4 000 多人死亡。而慢性影响除了降低机体的免疫力之外，对呼吸系统的影响也是不可小觑的，如慢性阻塞性肺病（COPD）、哮喘、肺癌。间接危害则是对气候变化的影响，如污染物的增加致使温室效应增大，气候变暖，导致与高温相关的疾病的爆发或加重；还有 O_3 层的破坏、减少了 O_3 层对紫外线的阻挡，使皮肤癌和白内障发病率增加，酸雨对污染地区的人类生存环境几乎都会造成不良影响。

天气气候同健康有着如此密切的关系，知冷知暖，关爱健康，就是要随时关注天气的变化，及时做好防护，天冷加衣御寒，天热补水避暑，才能有效防控疾病，这也是《黄帝内经》中强调"治未病""上攻其萌芽"，倡导的四时天气的健康之道。

（五）气象服务与商业

气象如何对商业活动产生影响？

一个有趣的现象叫作"一度效应"，指的是气温只要有 1℃ 的变化，商品的销量就会随之发生很大改变。如果能够提前获得天气预报，就能提前确定库存和商品品种，并利用气温、降雨等变化增加销售量。

"一度效应"并非空穴来风。曾有统计表明，在德国夏季气温每上升 1℃，就会增加 230 万瓶啤酒的销售量。而据东京电力公司调查，气温从 33℃ 升至 34℃，用电量增加 156 万千瓦时，所以日本夏季气温每差 1℃，空调的销售量就可上下浮动 30 万台。

对于跨国企业，风险管理中也需要将全球气候变化纳入考量。2014 年，巴西春夏大旱，高温不退，咖啡豆产量骤降，国际咖啡豆价格上涨。星巴克因此受到不小的影响，不得不上调旗下几款咖啡的价格。

对于服装行业的产供销链，气象学家会根据气候变化趋势预测，制定最佳的发货销售时机，来应对天气变化，减少库存积压，提高销售效率。

整体而言，中国商业性气象服务发展了近 30 年，但至今仍处于起步阶段，没有形成规模，更没有形成产业，还有大量的市场潜力有待挖掘。据初步统计，近些年我国每年气象服务的市场份额是 20 多亿人民币。中国的公司在其中的市场份额仅占 10%。日本 WNI 在上海成立的上海海洋气象导航有限公司是最早进入中国气象服务市场的海外气象公司，占领了我国 70% 的气象导航服务。

四、小结

从"草船借箭"到天气预报，我们从简陋的气象观察与利用开始，一步步摆脱蒙昧走向更为科学的气象科学观测与高效的资源利用之路。我们经历了定量分析方法的产生、近代天气预报体系的建立，再到气象服务模式的建立。这是气象服务的变迁与前世今生。

气象服务与我们的生活息息相关。气象服务有着广阔的应用前景。在计算机技术迅速发展的今天，大数据、机器学习、深度学习、人工智能等概念风靡各行各业，气象领域也不例外。事实上，气象预报与服务就是在各种大数据的融合下开展的。随着人们对气象服务价值和对气象市场潜力认识的提高，各类气象服务市场如雨后春笋般茁壮成长，相信在不久的将来，我国的气象服务会为各行各业的发展做出更大的贡献。

03
可燃冰漫谈

◎ 刘昌岭

　　中国地质调查局青岛海洋地质研究所

　　可燃冰是"天然气水合物"的俗称，是一种理想的替代能源，具有储量大、埋藏浅和清洁环保等特点。2017 年 11 月 3 日，国务院批准将可燃冰列为我国第 173 个矿种。然而，对绝大多数人来说，可燃冰仍披着一身神秘的外衣，公众对可燃冰所知甚少，亟须了解与其相关的科学知识。

一、可燃冰的基本性质与应用

（一）可燃冰的概念

　　可燃冰是由天然气分子与水分子在一定温度和压力条件下生成的一种笼形结构、外表似冰的白色晶体，点火可以燃烧（如图 1 所示）。在可燃冰晶体中，水分子是主体，通过氢键作用形成不同大小的"笼子"；气体分子是客体，居于"笼子"中，主体分子和客体分子之间通过范德华力相互作用。可燃冰晶体主要由 5 种基本"笼子"组成，它们是：十二面体小笼（5^{12}）、不规则的十二面体中笼（$4^3 5^6 6^3$）、十四面体大笼（$5^{12} 6^2$）、十六面体大笼（$5^{12} 6^4$）和二十面体大笼（$5^{12} 6^8$）。由这 5 种笼子与不同种类、不同数量的气体分子结合，可形成 3 种晶体结构类型的可燃冰：I 数型（立方晶体结构）、II 型（菱形晶体结构）和 H 型（六方晶体结构）。

可燃冰与冰之间有很多相似性：两者都为白色固体，密度接近；生成时放热，体积均增大；分解时吸热，并产生较大的热效应。然而，可燃冰在本质上不是冰，两者的成分、结构、生成条件及基本性质都有很大差别。

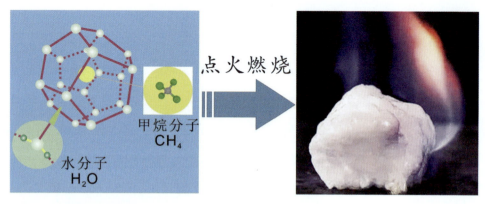

▲图1　可燃冰概念示意图

（二）可燃冰的储气特性

常温常压下，1 立方米的可燃冰可释放 164 立方米的天然气，具有较大的能量密度。因此，可燃冰类似于一种特殊形式的压缩天然气，其本身可看作是一种储气介质，有很好的储气性能。

在油气工业，我们可将可燃冰的这种储气特性应用于天然气的储运中。通过研发可燃冰快速、高效的制备技术与工艺，将天然气制成固态可燃冰，可以极大地压缩天然气的体积，提高天然气储存与运输的效率。采用可燃冰储运天然气不仅使储运能力大大加强，而且具有储运条件温和、安全性高和灵活方便等特点，非常适合零散的、小规模的、定制化的天然气储运，有广阔的应用前景。

（三）可燃冰的储冷特性

天然气和水生成可燃冰的过程中释放热量，而可燃冰分解为天然气和水的过程中吸收热量，也就是说，可燃冰的生成与分解是一个相变过程，同时伴随着大量的能量吞吐。

可燃冰的这一特性已用于蓄冷空调的研发上。可燃冰作为蓄冷介质，又称"暖冰"，相比于其他常规蓄冷介质（水、冰、共晶盐），具有很多优点：相变温度在 $5 \sim 12℃$，可以与常规空调系统结合，而且不影响制冷机组的工作效率；蓄冷介质的相变潜热大；在工作过程中换热性能好；长期使用不会老化等。

（四）可燃冰的能量密度

经常有人说可燃冰的能量密度高，到底有多高？众说纷纭。事实到底如何？我们来简单分析一下：

在常温常压下，1 立方米可燃冰分解可释放 160 多立方米天然气，而 1 立方米液化天然气可以释放 620 多立方米天然气，这说明按气体体积计算，可燃冰的能量密度仅相当于液化天然气的 0.25 倍。事实上，可燃冰只相当于压缩了 160 倍左右的高压天然气，其能量密度与液化天然气和石油相比，有较大的差距。由此可见，可燃冰不是高爆炸药，更不是核燃料，可燃冰的优势在于其巨大的储量，而不是能量密度。

（五）可燃冰的分离、提纯性能

在一定条件下，水分子与气体分子生成固态的可燃冰，纯水进入可燃冰固体中，而水中的各种化学成分、杂质等还保留在溶液中，只要将可燃冰固体与溶液分离，就可达到分离、提纯的目的。因此，可燃冰的生成、分解过程本身具有分离与提纯的性能。

利用可燃冰的这种性能，可以进行海水淡化。在海水中合成可燃冰，相当于将海水中的淡水提取出来，只需将可燃冰从海水分离开来进行分解就可以获得淡水。这是一种新的海水淡化技术，受到了沙特阿拉伯等沿海国家和地区的广泛关注。此外，可燃冰的分离与提纯技术还可以应用于食品工业中，如生物酶活性控制和提取、氨基酸分离，以及果汁提浓等食品加工领域。

（六）可燃冰的自保护效应

在常压下，当可燃冰在低于 $-5℃$ 的温度环境中分解时，其整体分解速率明显降低，具有较好的稳定性，好像是可燃冰有一种保护自己不被破坏的能力，这种现象称为可燃冰"自保护效应"。这是由于可燃冰的表层在分解过程中生成了气体和水，水于低温下在可燃冰晶体表面形成了一层冰膜，冰膜对内层可燃冰有封闭作用，阻止可燃冰进一步分解，使其在非平衡条件下具有较高的稳定性。

该特性可应用于可燃冰的储存与运输中。可燃冰的自保护效应使其在储存与运输中不需要过低的温度（通常需要低于 $-80℃$），可节省大量能源。

二、实验室内的可燃冰

（一）人工合成可燃冰

可燃冰钻探的成本高、风险大，获取的可燃冰样品量少，难以满足可燃冰的各项研究需求，因此需要在实验室内人工合成可燃冰。根据可燃冰生成的三个条件——低温、高压、充足的气和水，在实验室内，我们需要研发模拟实验装置来满足可燃冰的生成条件。模拟实验装置主要由高压反应釜、控温系统、供气系统、数据采集系统等组成，先在反应釜内加一定量的水，然后向釜中注入甲烷气达到一定的压力，降温，确保温度、压力处于可燃冰的稳定区域，持续一段时间直到反应釜内的压力降到一定值并保持不变，表明可燃冰制备完成（如图2所示）。

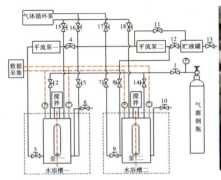

可燃冰制备装置示意图

实验室内将高压气体和水置于压力容器中，采用水浴或气浴控制反应温度，一定时间后即可生成可燃冰。

采用搅拌法制备的可燃冰

搅拌能够加速气体在水中的溶解速率，缩短可燃冰生成的诱导时间，同时加快反应过程的传质和传热过程，促进可燃冰的快速聚集。

▲图2　可燃冰的制备

（二）可燃冰的表面形态

大家也许会好奇，在微观世界里可燃冰长什么样子？这个问题可用扫描电镜（SEM）技术来回答，该技术采用聚焦电子束在试样表面逐点扫描成像，可观测可燃冰表面的微观形貌（如图3所示）。

从SEM图像看，可燃冰、冰、沉积物的颗粒表面微观形貌各不相同。沉积物的颗粒表面粗糙，而可燃冰表面比较光滑，可燃冰颗粒比沉积物颗粒的边缘更清晰，这就很容易将可燃冰与沉积物分辨开来。与可燃冰颗粒

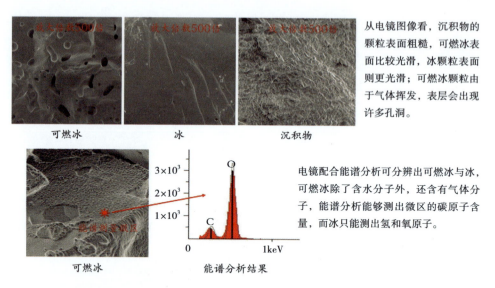

从电镜图像看，沉积物的颗粒表面粗糙，可燃冰表面比较光滑，冰颗粒表面则更光滑；可燃冰颗粒由于气体挥发，表层会出现许多孔洞。

电镜配合能谱分析可分辨出可燃冰与冰，可燃冰除了含水分子外，还含有气体分子，能谱分析能够测出微区的碳原子含量，而冰只能测出氢和氧原子。

▲图3　可燃冰的表面形态

相比，冰颗粒表面更光滑，且随着观测时间的延长不发生变化；可燃冰颗粒表面随观察时间延长会出现变化，其表面会出现很多纳米级微孔，这主要是由可燃冰颗粒表层气体分子挥发引起的。另外，我们可以借助低温扫描电镜配置的能谱分析手段，很容易分辨出可燃冰与冰，因为可燃冰除了含水分子外，还含有气体分子，能谱分析能够测出其碳原子含量，而冰只能测出氢和氧原子。

（三）多孔介质中的可燃冰

在颗粒较粗的多孔介质中，可燃冰主要赋存于其孔隙中。采用 X 射线计算机断层扫描（CT）技术，可直接观测可燃冰在多孔介质孔隙内的生成与消亡过程，这就像在医院里给人做 CT 检查一样。

由于多孔介质颗粒、游离气、可燃冰以及水等物质成分的密度不同，对 X 射线的吸收系数就不同，反映在 CT 图像中便是灰度值大小的差异。

通过计算机对投影图像进行反色和滤波等处理，并运用一系列算法重建出来完整的三维数据，可以获得三维图像（如图4所示）。

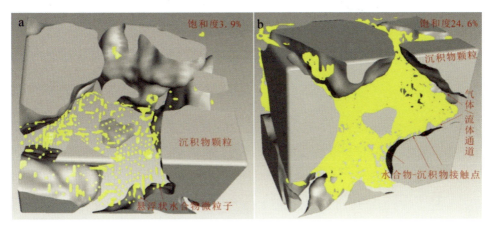

a. 水合物生长初期（饱和度为 3.9%），大量可燃冰微粒子（35~110μm）悬浮在孔隙中；b. 可燃冰继续生长（饱和度为 24.6%），微粒子成团块状，通过众多触点与多孔介质颗粒接触。

▲图4 多孔介质中可燃冰三维微观分布图

（四）南海细颗粒沉积物中的可燃冰

南海神狐海域的沉积物颗粒较细，黏土含量高，与之相对应的是沉积物的孔隙很小，不利于可燃冰的形成。然而，我国在神狐海域钻获的可燃冰岩心样品，其饱和度最高可达 40%，如此高饱和度的可燃冰是怎样生成与分布的？原来，在南海神狐海域细颗粒沉积物中分布着大量的不同大小的微生物壳体，有较大的腔体空间，是可燃冰藏身的好地方（如图5所示）。这些古生物壳体不仅充当了沉积物的粗砂组分，而且因其本身所具有的多孔结构而增大了沉积孔隙空间，为可燃冰富集提供了有利的生长环境和便利的储集空间。

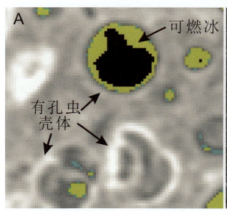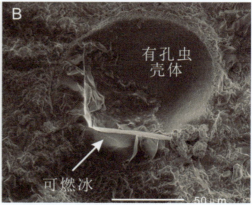

▲图5　可燃冰附着在有孔虫壳体内侧生长

（五）可燃冰检测技术

可燃冰作为一种新的矿种，相对于其他岩石矿物来说，其检测技术十分匮乏，特别是可燃冰的微观检测技术亟须建立，因为可燃冰研究涉及的许多科学问题都需要从微观层面来解答。

利用现代高新仪器，针对可燃冰在常压下不稳定、易分解的特性，不断研发与这些高新仪器联用的实验装置，建立系统的可燃冰微观检测技术（如图6所示），可获得可燃冰的结构类型、笼占有率、气体组成、形态学、赋存状态以及微观动力学过程等基本信息，为深入系统地研究可燃冰提供技术支撑。

（六）可燃冰核磁共成振像观测

核磁共振成像（MRI）技术可以探测到自由水中的氢，却不能对固相中的氢成像，因而其图像亮度的变化可以清晰地反映可燃冰反应体系中自由水的变化。

在可燃冰形成过程中，由于液态水不断转化成固态可燃冰，自由水含量减少，MRI 信号强度逐步减弱，表现为 MRI 图像的亮度逐渐变暗。反之，在可燃冰分解过程中，随着可燃冰笼形结构的瓦解，体系中自由水含量逐渐增加，MRI 图像的亮度逐渐增强（如图 7 所示）。因此，通过观察 MRI 图像亮度的变化，可判断可燃冰的生成或分解的动态变化与反应进程。

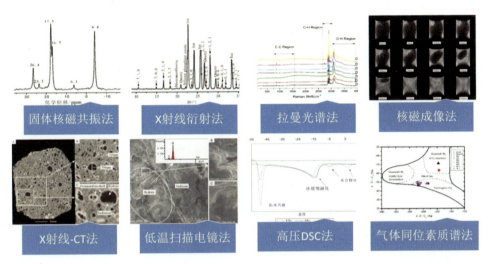

▲图 6　可燃冰的检测技术

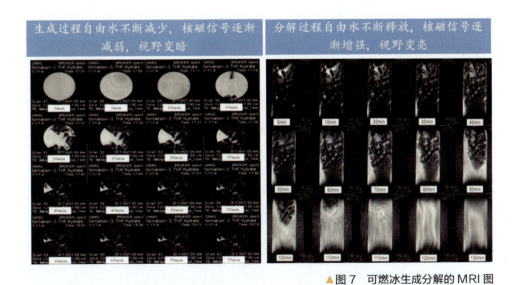

▲图 7　可燃冰生成分解的 MRI 图

三、自然界中的可燃冰

（一）可燃冰的分布与储量

自然界中，在水供应充足的前提下，可燃冰的形成还必须满足以下 3 个基本条件：较低的环境温度、足够大的压力及持续的烃类气体供应。此外，还需要有较好的地质储层，包括一些特定的圈闭或地质构造单元，有利于可燃冰的富集与储存。从目前来看，可燃冰主要分布在地球上两类地区：一是水深大于 300 米的海底地层；二是陆地永久冻土带。

全球范围内可燃冰的资源总量的问题，一直是科学界讨论的热点。据科学家估计，全球可燃冰资源量，相当于当前已探明化石燃料（煤、石油和天然气）总量的 2 倍。此外，由于可燃冰的非渗透性，可作为其下层游离天然气的封盖层。最近有专家指出，可燃冰稳定带内及其下层的游离气体同属于可燃冰系统，这样算的话，可燃冰的资源总量会更大一些。所以，科学家称其为"21 世纪能源"或"未来能源"。

（二）可燃冰的赋存形态

自然界可燃冰"长什么样子"？受储层的温度与压力条件、气源供给及储存空间等诸多环境与地质因素的影响，可燃冰的外表呈现多样化形态，从产地上大体可分为陆地冻土区可燃冰和海洋可燃冰两种（如图 8 所示）。陆地冻土区可燃冰主要赋存在固结岩石中，由于岩石通常质地致密、孔隙度小，可燃冰一般生长于岩石的裂隙中。例如：我国祁连山冻土区钻获的可燃冰样品，是以薄层的形式存在于泥岩的断裂面上。海底可燃冰主要赋存于海底陆坡和盆地的松散沉积物中，由于形成环境条件差别较大，海底可燃

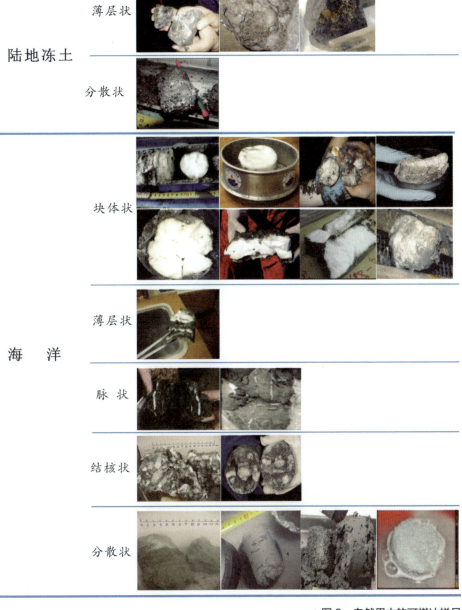

▲图8 自然界中的可燃冰样品

冰的外观多种多样，主要有块体状、薄层状、脉状、结核状和分散状等。

（三）可燃冰的气体来源

自然界中形成可燃冰的气体主要有四种来源：其一为大气中的烃类气体溶解于海水而进入沉积物中；其二是浅层沉积物中的有机质在细菌的降解作用（生物化学作用）下产生的甲烷气；其三是深部沉积有机物热成熟或石油在热裂解作用下产生的天然气；其四为火山作用产生的无机成因的烃类气体。可燃冰是一种非常规能源，含有丰富的天然气，而这些天然气来源于沉积物中的有机质氧化或地层深部的油气逸出，燃烧完就没有了，是不能再生的，因此，可燃冰与石油、天然气资源一样，都属不可再生能源。

（四）可燃冰勘探技术

可燃冰对地层某些物理性质的影响是非常显著的。比如，可燃冰含量越高，地层的渗透性越差、电阻率越大、声波传播速度越快，地层变得更牢固，其承载力更大。基于可燃冰地层的这些特性，寻找可燃冰的勘探技术主要有地震勘探技术、电磁勘探技术、微地貌勘探技术，以及地球化学勘探技术与微生物勘探技术等，每种勘探技术各有利弊，通常联合使用、相互补充、多角度印证才能获得可靠的结果。

（五）海洋可燃冰与 BSR 的关系

"似海底反射面"的英文为 Bottom Simulating Reflector，简称为 BSR，是海洋可燃冰存在的一个重要地震剖面特征，它代表可燃冰稳定带的基底。一般来说，可燃冰稳定带之下地层中通常含有一个游离气层，地震波在可燃冰稳定带和其下的地层中传播速率出现明显差异，形成了一个较强的波阻抗反射面，这个面就是通常所称的 BSR。

BSR 与可燃冰有着密切的联系，是识别可燃冰的典型地震反射标志。然而，BSR 与可燃冰并不是一一对应的关系，即海底存在 BSR 的地层并不代表一定存在可燃冰，因为当海底地层存在含游离气时，该地层与其上覆地层之间也存在一个密度不连续面，这个面也存在 BSR。

（六）海底可燃冰的地球化学标志

当海底存在可燃冰时，在浅表层往往伴随着沉积物孔隙水中甲烷含量、离子浓度异常等现象，如甲烷含量明显升高、氯离子浓度增加等。此外，表层沉积物硫酸根 – 甲烷交界面（SMI）深度变浅，还会出现一些具有丰富的形态和美丽颜色的自生碳酸岩矿物，这些都是指示存在可燃冰的重要地球化学标志（如图 9 所示）。

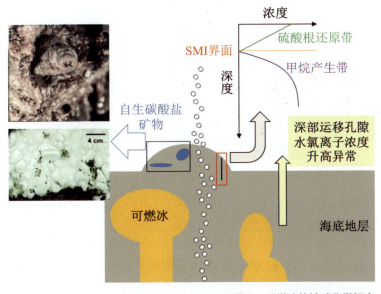

▲图 9　可燃冰的地球化学标志

（七）可燃冰的生物标志物

在海洋可燃冰分布的地层环境中，生存了种类繁多和功能各异的大量生物。有些生物通过消耗二氧化碳等方式产生甲烷，为可燃冰的存在提供了有利的气源条件；有些生物分解甲烷，避免可燃冰分解产生的气体大量逸入大气。此外，甲烷泄漏相当于深海中的"绿洲"，在贫瘠的深海中供养着丰富的生物群落。与海底可燃冰关系密切的共存生物标志物主要有细菌微生物、软体管虫、冰虫、贻贝、蛏螂、无齿蛤、海石蟹、雪蟹、深海虾和蜗牛等（如图10所示）。如果在海床上能找到大量的上述生物群落，通常表明其下部地层可能蕴藏可燃冰。

▲图10　可燃冰的生物标志物

（八）可燃冰与海底地质构造

泥底辟、泥火山、断层和断裂是主要的海底地质构造类型。泥底辟由海底密度较小的高塑性低黏度物质向上流动而形成，这些流动的物质主要有岩盐、石膏和泥岩等。泥火山具有通向深部的管孔，可以涌出泥质黏土以及水气混合物，它的形成与深部烃类流体的溢出有关。断层和断裂都是岩层受地应力作用发生显著相对位移的构造，地层的连续性和完整性遭受破坏。大规模的断层沿长度能够延续数千千米，向深处可切穿地壳，形成断裂带；小规模的断层仅有几个厘米长，也被称作裂缝。

这些地质构造连通海底深部地层和浅表层，为海底深部甲烷等气体提供了向上运移的理想通道。深部气体在向上运移的过程中途经温度和压力合适的区域，可燃冰将会在此生成，源源不断的深部气源生成了大量可燃冰，也就形成了含可燃冰地层。

四、可燃冰开采技术

（一）可燃冰开采方法的基本原理

可燃冰是以固态形式存在于地层中的，在没有外界干扰的条件下保持相对稳定。目前，大家公认的可燃冰开采方法是原位分解法，即通过外力改变可燃冰稳定条件而使其在地层中分解，生成可流动的气体和水，然后采用类似于石油或天然气的开采方法，将这些流体开采到地面上。因此，可燃冰开采方法的基本原理是破坏可燃冰稳定存在的相平衡条件，使其在地层原位分解。目前，人们主要采用降低压力、升高温度或者加一种化学物质的方法，来破坏可燃冰的相平衡条件，从而使可燃冰分解，达到开采的目的。与此相对应的，科学家们提出的可燃冰开采方法主要有降压法、热激发法、CO_2置换法、注化学剂法，以及这几种方法的改进或联合等。

（二）降压法开采可燃冰

当温度不变，压力降低到一定程度时，可燃冰就会发生分解。降压法开采可燃冰就是利用了这个原理，即通过降低井筒内压力，使井筒周围地层的压力降低，使可燃冰发生分解，达到开采的目的。

降压法在可燃冰开采过程中不需要连续激发，不需向地层额外增加能量，成本较低，方法简便易行，适用于大面积尤其是海洋可燃冰的开采。当可燃冰储层存在下伏游离气层时，可以先降低游离气层的压力，进而降低上部可燃冰储层的压力，达到开采可燃冰的目的，并能够避免直接对可燃冰储层降压带来的工程地质风险。因此，降压法尤其适合存在下伏游离气层的可燃冰开采（如图 11 所示）。

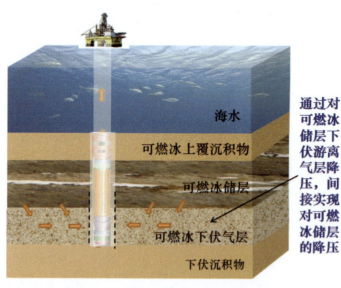

▲图 11　通过抽取下伏游离气间接降压开采可燃冰示意图

（三）加热法开采可燃冰

　　加热法，顾名思义就是让可燃冰在原位受热，温度升高，促使可燃冰分解。加热法的前提是向可燃冰储层提供热源，主要有注入热水、热蒸汽、电加热等，或者使用红外、电磁波、太阳能等加热技术（如图 12 所示），均可以使可燃冰地层的温度升高，从而达到可燃冰分解的目的。此外，还有一种热激法的变种——原位燃烧法，其基本思路是采用加入氧化剂的方法，促使可燃冰分解的甲烷在地层中燃烧，产能热量将其余的可燃冰分解。但是该方法存在的最大问题就是甲烷气体在原位燃烧的安全性，如果原位燃烧失控，将产生严重的安全隐患。

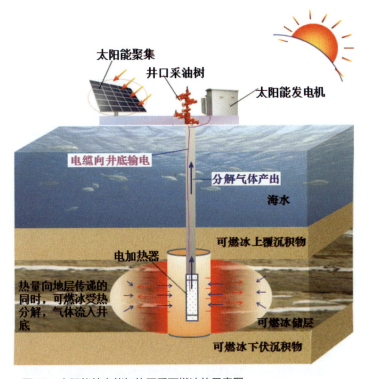

▲图 12　太阳能转电能加热开采可燃冰的示意图

如果海洋可燃冰储层以下地层中恰好存在一个地热储层，那么可以利用深部热源加热，即打一口深井，将地热储层中的热水抽到可燃冰储层加热，从而开采出可燃冰。

（四）二氧化碳置换开采可燃冰

二氧化碳能够在一定的温压条件下与水反应生成二氧化碳水合物，而且比甲烷生成的可燃冰更加稳定，这就意味着二氧化碳分子能够取代可燃冰中的甲烷分子。据此，有学者提出了利用二氧化碳置换开采可燃冰的方法，其基本思路为：向可燃冰储层中注入二氧化碳，使储层中原有的可燃冰笼形结构发生破坏，释放出甲烷气体，而二氧化碳分子进入原来的笼子里形成了固体二氧化碳水合物。这样，既埋存了温室气体二氧化碳，又达到了开采可燃冰的目的。此外，可燃冰分解产生的水重新与二氧化碳结合生成固体水合物，有助于保持海底的完整性，维持沉积物储层强度。

（五）注抑制剂法开采可燃冰

向可燃冰地层中注入一种化学试剂，破坏可燃冰稳定存在的温压条件，使其发生分解，这种化学试剂称为抑制剂，这种开采可燃冰的方法称为注入抑制剂法。目前常见的抑制剂是甲醇和乙二醇。抑制剂溶液的浓度、温度、抑制剂加入速率及接触面积等是控制可燃冰分解速率的主要因素。

然而，用注入抑制剂法开采可燃冰，由于加入化学试剂通常会对环境造成污染，不符合环保的要求。此外，该法的经济性不高，商业化前景不好。因此，迫切需要找到一种环境友好型的抑制剂，既能高效开采可燃冰，又能满足环保的要求。

（六）主井眼多分支孔开采可燃冰

在可燃冰储层中形成一个大直径的垂直或水平井井眼，然后沿着主井眼按照一定的排列方式形成若干垂直于主井眼的小孔径多分支孔，多分支孔中充填大尺寸砾石进行有限控砂（如图13所示）。

主井眼与多分支孔联合形成压力波快速传递的"双通道"，可增大短期内压力波的波及范围，提高可燃冰的分解效率；双通道分解模式大大提高了可燃冰和井壁间的裸露面积，增大了可燃冰的有效分解阵面；多分支孔将井筒附近的径向流转变为双线性流，减少了井筒节流效应，有利于降低井筒附加压降，提高产能；进一步促进压力波在地层中的传播，扩大可

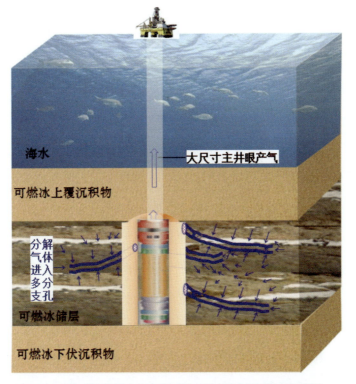

▲图13　大尺寸主井眼多分支孔开采可燃冰基本井型构造示意图

燃冰的有效分解阵面；有助于缓解压降幅度，缓解地层出砂，降低井壁坍塌风险。

（七）制约可燃冰开采效率的主要因素

从海域可燃冰试采的结果来看，影响开采效率的制约因素主要有：可燃冰储层孔隙度、渗透率，以及可燃冰的结构类型、气体组分和饱和度等参数。

从原理上讲，目前提出的开采方法主要从两个方面提高可燃冰的开采效率：其一是加快单位体积可燃冰的分解速率，这类方法如地层流体抽取法、降压＋热盐水联合开采法、微波刺激开采法、蒸汽吞吐开采法等；其二是增加可燃冰分解接触面，这类方法如水平井开采方法、山字型水平对接井开采方法、直井水力割缝开采方法及主井眼多分支孔开采方法、群井开发方法等。总之，可燃冰开采方法倾向于"集百家之长"，不同方法的联合使用是提高可燃冰开采效率的必然趋势。

五、可燃冰与环境

（一）可燃冰分解的环境效应

如果海洋可燃冰大规模分解，产生大量的甲烷气体会穿过地层、海水进入大气中，可能造成一系列的自然灾害，如海底滑坡坍塌、飞机轮船失事及温室效应增强等（如图14所示）。

首先，如果海底地层中可燃冰大量分解，地层将由硬变软，这样在海底斜坡的地方，地层出现不稳，上覆地层在自身重力的作用下发生滑坡，

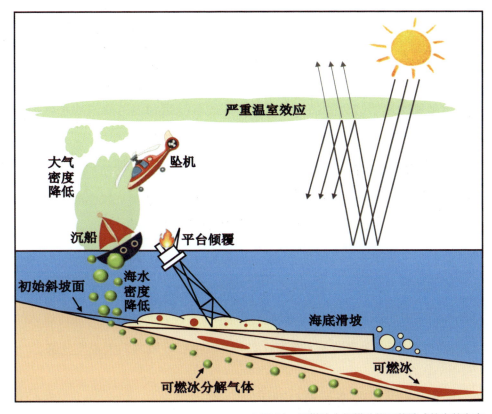

▲图 14　可燃冰大规模分解可能造成的自然灾害

严重威胁海底电缆、海床设备及钻井平台的安全。大规模的海底滑坡还可能诱发严重的海啸，造成二次灾害。其次，可燃冰分解产生的甲烷气通过地层进入海水，大量气泡必然导致该区域海水的密度降低，如果此时有船只进入该区域，则有可能造成沉船事故。如果大量气体进入该区域的上空，能够降低大气的密度，有可能诱发强烈的气旋，若飞机进入该区域，将会导致飞机失事，造成机毁人亡事件。再次，甲烷是一种温室气体，其温室效应是二氧化碳的 20 余倍。因此，如果大量的甲烷进入大气层中，极有可能诱发严重的温室效应，导致地球两极冰川加速融化，大面积的陆地将被海水淹没，全球生物乃至人类的生存环境都要面临严重威胁。

（二）海底可燃冰大规模分解

海底可燃冰是在较高的压力和较低的温度条件下存在的。由于海底地层温度随其深度增加而变大，故可燃冰只有在一定深度范围内的地层中才能够稳定存在，这个地层范围被称作可燃冰稳定带。

如果可燃冰稳定带的下边界上移，将使大面积的可燃冰暴露在稳定带之外，势必导致这部分可燃冰的大规模分解。例如，全球气候变暖导致海床温度升高，而海平面下降可造成海床压力降低，这些都能导致可燃冰稳定带的下边界上移。此外，海底地震、火山活动可引起海底可燃冰的大规模分解。需要强调的是，只有自然界中类似于全球气候变暖、海平面下降、海底地震活动和海底火山爆发等大范围的地质环境事件，才有可能导致海底可燃冰的大规模分解，而小范围的人为因素并不会诱发海底可燃冰的大规模分解。

（三）海洋可燃冰开采对地层的影响

可燃冰开采会造成地层出砂、井口坍塌和海床沉降等问题（如图15所示）。在降压法开采过程中，地层砂土在水气作用下发生运移，如果降压幅度过大，会导致严重的地层出砂问题，造成开采设备损毁等事故。开采井的周围地层中可燃冰分解后，地层骨架之间的胶结能力被削弱，地层强度明显降低。因此，开采井的周围地层在开采初期会出现漏斗状的沉降，造成井口坍塌等事故。随着可燃冰开采的进行，地层中可燃冰分解范围不断扩展，更大范围内的地层发生软化。因此，长期开采可燃冰极有可能诱发大范围的海床沉降等事故。此外，如果含可燃冰地层存在一定的坡度，可燃冰分解导致地层孔隙压力增高，进而可引起海床液化和区域性海底滑坡等工程地质事故。

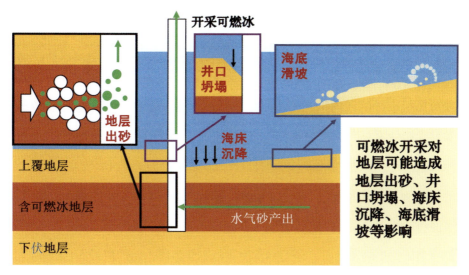

开采可燃冰

▲图15 海洋可燃冰开采对地层的影响

（四）可燃冰与海洋生态系统

可燃冰分解释放的气体主要是甲烷，它对海洋生物的影响好坏并存。一方面，甲烷气为深海生物群落提供足够的养料，犹如深海"沙漠"中的"绿洲"，对海洋生物产生积极的影响。另一方面，甲烷在含可燃冰地层以及上覆地层的无氧环境中，硫酸盐与甲烷共消耗，产生无机碳和挥发性硫，会改变沉积物中有机质的组成分布特征，并产生一系列特殊生物标记物，对海洋生态系统碳及硫的生物地球化学循环产生重要的影响。同时，在海水有氧环境中，甲烷在细菌的作用下发生好氧氧化反应，产生二氧化碳的同时消耗氧气，区域性海水缺氧会导致好氧生物群落萎缩，对海洋生态系统产生消极影响。

（五）可燃冰与百慕大沉船之谜

所谓"百慕大三角"，是指北起百慕大群岛，南到波多黎各岛，西至美国佛罗里达州的一片三角区域。在这个地区，已有数以百计的船只和飞机失事，数以千计的人在此丧生，被称为"魔鬼三角"。据说，这些神秘事件的发生可能与可燃冰的大量分解有关。

英国地质学家、利兹大学的克雷奈尔教授认为，造成百慕大海域经常出现沉船或坠机事件的元凶可能是海底可燃冰。当海底可燃冰的稳定条件被破坏，导致其大量分解，产生的气体逸出海底地层而进入海洋中，使海水密度降低而失去原来的浮力。恰逢此时经过这里的船只，就会像石头一样沉入海底。同时，大量的气泡逸出海面，会在空中形成天然气密集区，导致该区域大气密度降低而降低了原有的浮力。如果此时正好有飞机经过，也会像石头一样掉进海中。如果天然气遇到灼热的发动机，还可能发生飞机燃烧爆炸，造成机毁人亡的惨剧。

（六）可燃冰开采过程中的参数监测

可燃冰开采可能诱发海床沉降、海底滑坡、平台倾覆和甲烷泄漏等地质灾害，对人员、设备，以及生态环境造成威胁。因此，在进行可燃冰开采过程中，十分有必要开展全方位的环境参数监测，防患于未然，保障可燃冰的安全可控开采。

环境参数主要分为物理、化学和生物三个类别。在物理环境参数方面，重点关注对象是反映海底地层稳定性的孔隙压力、地层应力和沉降变形等参数，而可燃冰分解范围也是重要的物理环境参数，有利于准确把握可燃冰开采的环境影响范围。在化学环境参数方面，重点监测开采井的附近海水中甲烷、氧气和盐分浓度等参数，能够实时反映可燃冰开采对海洋环境的影响程度，也能够作为判断甲烷是否泄漏的指标。在生物环境参数方面，重点关注开采井附近海水中生物种类和数量等参数，有利于保障海洋生物群落的安全，落实绿色开采可燃冰的指导思想。实施全方位无间断的多参数监测，实时预警开采过程中可能诱发的各种环境灾害，是减小可燃冰开采对海底环境破坏的重要措施。

04
黄河浮雕景观是如何形成的

◎ 苏德辰

中国地质科学院地质研究所

一、天然的黄河浮雕

　　发源于青藏高原的黄河自西向东流经内蒙古河套平原后，在内蒙古的托克托县河口村折而向南，切过黄土高原，一直到山西省河津市禹门口，这一段的黄河直线距离 500 余千米，河床高差大于 600 米，形成了黄河干流上最长的峡谷，同时也造就了山西、陕西两省的天然分界线，因此称为晋陕大峡谷（如图 1 所示）。

　　大峡谷两侧由厚层砂岩构成的崖壁上，经常出现密密麻麻、大小不同的洞穴，这些洞穴的形态千奇百怪，洞穴之间往往又彼此相连，构成各种天然图案（如图 2a 所示），有些极似人形（如图 2b、图 2c 所示），有些像动物或传说的怪物，以"游龙""跳蛙""皎鲨""老鹰"等命名。最为密集的浮雕图案出现在山西临县开阳村附近的黄河东岸崖壁上，已经被开辟为旅游景区。由于黄河从此流过，这些洞穴就被认为是黄河之水向下侵蚀或流动过程中在两侧崖壁上留下的遗迹，又由于这些洞穴构成的图案与浮雕的效果特别相似，因此开阳河段的这个景区被称为"临县碛口镇水蚀浮雕景区"。

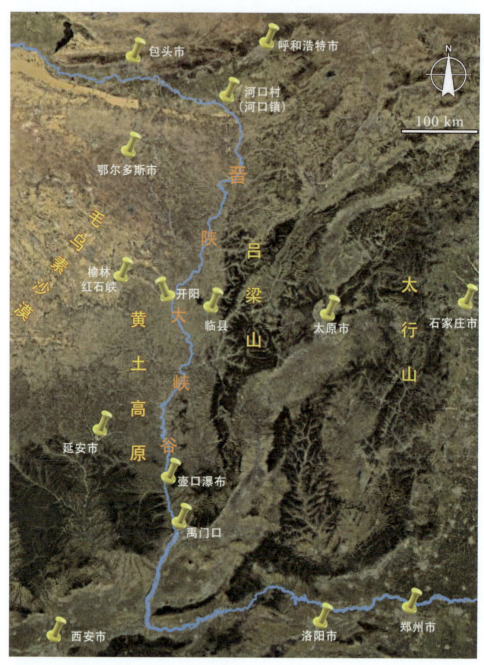

▲图1　黄河晋陕大峡谷及开阳浮雕景区位置图

（图中实线为黄河主河道）

（a）山西临县碛口镇开阳村北黄河东岸崖壁上的浮雕群；（b）多个洞穴相连，勾画出极似古代武士的浮雕；（c）风化后岩石表面的轮廓恰似一个佛像的面庞

▲图2　黄河大峡谷两侧崖壁上风化作用形成的天然浮雕

景区网站上的材料是这样解释的："黄河百里水蚀浮雕位于晋陕黄河大峡谷开阳村，是世界上珍贵的自然遗产，形成于三叠纪，由地下水溶蚀与河流冲蚀作用复合于三叠系厚层砂岩而形成的天然崖壁浮雕。由于厚层砂岩内含有大量的正长石和石英石，在水溶蚀、河流冲蚀、风蚀和日照条件下正长石逐渐分化分解，石英石从厚层砂岩中脱落下来，因此在砂岩中就形成了石沟、石龛、石窟、石书等形状以及各种动物形态的天然浮雕。"

最近几年，笔者对黄河沿岸特别是开阳黄河浮雕景区进行了两次专程考察，发现这些浮雕的形成主因不是流水和风力侵蚀，而是另有原因。

二、黄河浮雕形成的原因

先说说浮雕的形成时间。开阳黄河浮雕景区附近黄河沿岸的岩石是距今 2.5 亿~2 亿年的三叠纪时形成的，但是，黄河形成的时间远在三叠纪之后，根据现在的地理学研究成果，黄河形成于距今 100 万年左右，黄河岸边崖壁上的浮雕是在黄河大峡谷形成之后才逐渐形成的，并且直到现在，它们还在形成中。因此不能说这些浮雕形成于三叠纪。把地貌景观的形成时间与构成地貌景观的岩石的形成时间混为一谈是许多景区解说中经常见到的错误。开阳景区附近黄河崖壁上的洞穴发育位置对比如图 3 所示。

我们再分析一下浮雕的形成原因。以往介绍这些浮雕的文章或短文、游记很多，但并没有人详细研究过这些浮雕的真正成因，只是笼统地把多种风化作用归结到一起，称为"水溶蚀、河流冲蚀、风蚀和日照"的共同结果。

有人说，这些洞穴是由流水和风的侵蚀作用形成的，但是很多洞穴发育在流水和风力侵蚀不到的地方，特别是许多正在形成的小型洞穴，发育在雨水、地表流水甚至风力均不能达到的大的洞穴内部，甚至向正上方生长（见图4b，图4c），类似的现象在当地人居住的窑洞内部或者寺庙洞窟中也经常见到（见图5）。因此，用流水或风力侵蚀去解释其成因显然是不合适的。类似的道理，用日照变化或温度变化引发的不均匀膨胀作用也无法解释这些洞窟的成因。

（a）在水流冲蚀力最强的迎水面，高于正常黄河水位的地方，洞穴大而多，接近正常水位的地方，洞穴反而很少发育；（b）上图的另一角度照片，在背水面洞穴更发育

（a）和（b）充分说明崖壁上的洞穴并非水蚀作用所致。

▲图3　开阳景区附近黄河崖壁上的洞穴发育位置对比

（图中箭头代表黄河的水流方向）

（a）崖壁上方汇集的雨水不仅没有形成洞穴，反而把之前形成的洞穴完全冲蚀掉，箭头代表流水方向；
（b）仔细观察，会发现许多洞穴向上生长（箭头处）；（c）许多大型洞穴内部正在形成更小的洞穴，甚至
会出现不同期次形成的洞穴
（b）和（c）中所示的洞穴完全无法用水蚀和风蚀去解释。

▲图4 开阳景区附近黄河崖壁上的洞穴

（a）（b）：佛教洞窟外面的风化，注意风化洞穴经常发育在风和雨不能到达的地方，甚至向上发育；（c）（d）（e）（f）：佛教洞窟内部的风化现象，这些洞窟大部分雕凿于宋朝和元朝，距今才1 000年左右，洞窟内部没有直接的降雨，但是洞顶的砂岩表面生长着大量白色的盐霜

▲图5　陕西榆林红石峡景区中的风化现象

　　黄河浮雕多发育在厚层砂岩的断面上，这些砂岩之中的砂粒彼此是由少量的碳酸钙胶结的，岩石遇到水之后，由于碳酸钙会发生水解，岩石确实会发生溶蚀作用而形成凹坑，但这一地区砂岩中的碳酸钙含量并不高，溶蚀作用的影响非常有限，不足以形成大量的洞穴。

　　那么，这些状如浮雕一样的洞穴到底是如何形成的呢？或者说，它们的主要形成原因究竟是什么？近10年来，我们在黄河沿岸进行地质调查时发现了特别多与黄河浮雕类似的景观地，经过我们的实地观察和分析，黄河浮雕的形成主因不是流水侵蚀或溶蚀，也不是风蚀，而是另外一种广泛分布但少为人知的风化作用——盐风化。

三、盐风化作用的厉害之处

盐风化作用（salt weathering）是陆地上普遍存在的物理风化作用，不仅导致岩石表面的破碎分解，也造成建筑石材的粉化脱落，而且在地貌形态塑造过程中扮演着重要的角色。然而，盐风化作用却一直被地学界忽视和误解，以至于由盐风化作用导致的普遍存在的宏观和微观地貌景观都被解释为风蚀或水蚀等其他作用的结果。

我们先看下面的照片（如图 6 所示）。左侧照片的砖墙下面长了一棵树，树木快速生长，体积增大，砖墙因此遭到物理破坏。类似的物理破坏作用在自然界普遍发生。最常见的现象是在寒冷地区，岩石缝隙中积存的雨水或雪水因昼夜温差或季节温差而频繁发生冻结－融化，裂隙中的水冻结成冰后体积膨胀，造成岩石崩解破裂，冰雪融化成水又迅速向岩石裂隙深处渗透，再冻结又造成新的崩解破裂。如此反复，可使高海拔或高纬度地区的岩石或冻土发生强烈风化。这种因水体的频繁冻结－融化造成的岩石风化称为冻融作用。在中国的青藏高原和许多高山地区均可见到这种现象。无论是因为植物树干、树根的生长或是冻融作用，最终均是由于机械力造成岩石的物理破坏，因此，这两种作用本质上都属于物理风化作用。

自然界中还有一种广泛存在，但又长期被忽视的物理风化作用，那就是盐风化。黄河浮雕景观的主要成因不是水流和风的侵蚀，而是盐风化。

▲图6 植物生长和冻融作用对墙体和岩石的破坏

注意，我们所说的盐是化学意义上的盐，包括了岩石中的硫酸盐、硝酸盐等，不限于日常食用的氯化钠。那么，什么是盐风化作用？它又是如何形成黄河浮雕的呢？我们结合黄河浮雕来讲述一下盐风化过程。

原来，构成这些黄河浮雕的洞穴均发育在三叠纪时期形成的厚层砂岩中。这些砂岩是由一粒粒石英和长石固结而成的岩石，里面含有少量的盐分。砂粒之间有许多彼此连通的孔隙，砂岩层在后期地质作用过程中还会形成许多微小裂隙。天然的雨水和潮湿的空气均可把盐分输送到这些裂隙中，随后，盐分因蒸发作用在岩石表面以及微裂隙内部结晶析出。黄河两岸厚层砂岩表面常见的白色物质都是蒸发作用析出的盐类。

凝结在砂粒之间或岩石微小裂隙之间的盐类矿物晶体会逐渐长大，把其周边的砂粒挤掉后就会产生小小的凹坑，随着温度和湿度的变化，盐类矿物反复发生这种凝结、长大的过程，这些凹坑由浅变深、由小变大，就形成了千奇百怪的风化洞窟。

黄河岸边并不是这些风化洞穴的唯一存在场所，类似的现象在世界上许多地方都有发生，但是黄河大峡谷位于半干旱地区，温度和湿度变化频繁，两侧的砂岩厚度巨大，是盐风化作用最易发生的场所，由此在黄河边造就了壮观的盐风化地貌（如图7所示）。

▲图7 开阳景区附近黄河崖壁上的盐风化现象

注意：崖壁及洞穴表面的白色物质均是导致浮雕形成的盐类物质，请特别注意洞穴内部的白色物质，它们就是凝结在岩石表面的盐类。

千万不要小看了盐类晶体对岩石的破坏作用，这种盐风化可以形成小至厘米级、大至十几米甚至数十米深的洞穴。认识到盐风化的作用，不仅可以解释许多地貌景观的成因，还可以用来保护文物。中国许多佛教洞窟中的岩石雕像因为盐风化而变得面目全非，如果不知道从盐风化的机理上进行防护，就会事倍功半。

本文在野外考察和写作过程中得到国家自然科学基金项目（编号：41772116）、中国地质科学院基本科研业务费项目（编号：YYWF201705）和中国地质调查项目（编号：DD20190602）联合资助。

参考文献

[1]吕洪波，苏德辰，章雨旭，冯雪东，李春旺．中国不同气候带盐风化作用的地貌特征［J］．地质论评，2017，63（4）：911-926.

[2]吕洪波．普遍存在的盐风化地貌：一直被误解，今日始澄清！［EB/OL］.http://blog.sciencenet.cn/home.php？mod=space&uid=39040&do=blog&id=1066209.

[3]苏德辰．黄河天然浮雕的成因［EB/OL］.http://blog.sciencenet.cn/blog-39317-1068759.html.

生命医学解码

01

癌症是怎么回事儿，如何来正确预防？

◎ 毕晓峰

中国医学科学院肿瘤医院防癌科

　　说起癌症，想必大家都不陌生。不仅仅是不陌生，说实话真是有点让人毛骨悚然，避之唯恐不及。因为癌症的可怕很多人可能都有深刻体会，或者有所见有所闻，知道这是一种要命的疾病，一旦得了基本上就不会有什么好结果。癌症的确是一种严重影响人们健康的疾病。国际癌症研究机构（International Agency for Research on Cancer，IARC）发布的数据显示，近十几年来癌症在全球呈现持续增长的态势。在我国，癌症死亡约占全部死因的1/4，不仅影响个体的健康，也给家庭和社会带来沉重负担。既往研究报道表明，我国癌症发病近10多年来总体呈上升趋势，尤其是甲状腺瘤、结直肠癌等。癌症的致病因素复杂，包括空气环境污染，不健康的饮食，身体活动不足、肥胖、超重、吸烟等因素。随着我国人口老龄化趋势加剧，以及不良生活方式广泛存在，我国癌症发病率还将不断上升，因此防治任务异常艰巨。

一、癌症为什么让大家这么害怕?

(一)发病人数多

中国的癌症发病率和世界平均水平持平,处于中等偏上水平。但是因为中国的人口基数太大,导致中国的癌症患者数量巨大。数据显示,2018年全球估计有1 800万新增癌症病例以及960万癌症死亡病例,而我国就提供了380.4万新发病例及229.6万死亡病例。相当于我国占据了全球癌症新发病人数的20%以上,也意味着我国每天就会有1万人确诊癌症,平均每分钟有7个人得癌症。其中,肝癌、食管癌更是占到了全世界发病人数的一半。这个数字无疑令人非常震撼。从20世纪70年代到21世纪初先后进行了3次中国居民死亡原因调查,不论男性还是女性,恶性肿瘤死亡率均逐渐升高。近10多年来,我国癌症发病呈现持续上升趋势,平均每年上升约3.9%,女性上升幅度相对较快,城乡间上升幅度较为接近。癌症发病随年龄增加而快速上升,我国目前已进入老龄化社会并且老龄化呈加速发展态势,预计60岁及以上老人到2030年将超过25%。因此癌症防控形势会非常严峻。我国城市地区癌症死亡率如图1所示。

(二)死亡率高

由于中国癌症种类与欧美国家不同,以及就诊时病情普遍偏晚,导致中国癌症死亡率高于全球平均水平。因为不同癌症的治疗难度和生存率各不相同,欧美国家以乳腺癌、前列腺癌、甲状腺癌这些死亡率较低的癌种为主;而我国则以肺癌和消化系统癌症居多,这些肿瘤往往恶性度高,生存率较低。这是导致我国癌症5年生存率较低的一个原因。另外,由于公

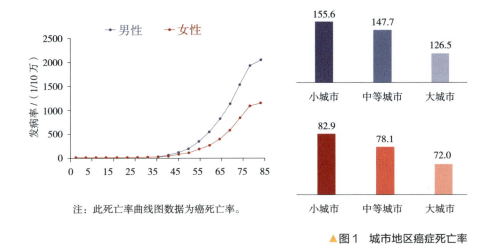

注：此死亡率曲线图数据为癌死亡率。

▲图1　城市地区癌症死亡率

众的健康意识和科学素养还普遍较低，缺乏癌症预防意识和正确方式，导致癌症患者就诊时普遍病情偏晚，80% 以上的患者是中晚期。这也是导致我国癌症患者死亡率较高的另一个主要原因。令人欣喜的是，随着我国医疗质量和诊疗能力的提升，恶性肿瘤 5 年生存率已从 10 年前的 30.9% 上升至目前的 40.5%。按照健康中国行动（2019—2030 年）的要求，到 2022 年和 2030 年我国癌症 5 年生存率将分别提高到 43.3% 和 46.6%。

降低发病率、提高早诊率、提高生存率、促进诊治规范化是我国肿瘤防控的突破点。肿瘤发病机制复杂、高危因素难控制，有效筛查技术少，早期诊断技术水平低，肿瘤治疗效果差，复发转移率高，同时我国肿瘤诊疗水平参差不齐、规范化程度低，等等，都是我国肿瘤防控急需要解决的问题。

（三）癌症治疗费用高

这个问题无须多言，大家都可能有所了解。除非在很早期可以通过小手术解决问题，大部分的癌症治疗往往需要外科、化疗、放疗、内分泌治疗、靶向治疗甚至免疫或者中医治疗等方法共同完成才行。这就意味着癌症治疗是一个复杂而又漫长的过程，而这些治疗方法和药物往往价格不菲。虽然政府一直在积极推动靶向药物进入医保支付范围内，但很多药物仍需要个人支付高额费用，这还不包括病人治疗的外围费用，如交通费用、营养费用、康复费用、家庭照顾支出等一系列花费，很多家庭因癌致贫、因癌返贫，这也是造成老百姓对癌症恐慌的一个很重要的原因。有研究统计发现，癌症患者的人均就诊支出往往会超过患者的家庭年均收入，而且因患病就诊而产生的相关非直接医疗费用占 9.3%。尽管不同癌种患者的经济负担有差异，然而相对于其家庭年均收入而言，患病所带来的经济负担都极为沉重。研究同时发现，77.6% 的癌症患者认为患病给家庭带来的经济负担难以承受。但癌前病变患者的医疗费用明显低于癌症患者，只有癌症患者人均支出的 1/3。这也从侧面表明，癌症的早期发现和早期治疗，无疑将有助于降低癌症患者的经济负担。

二、癌症是一种什么疾病，为什么这么难治呢？

癌症不容易治疗主要有以下几个原因：

（一）癌症本身是一种基因层面的疾病，而我们对基因还不是很了解

基因太复杂了，它储存着生物个体生长、发育、凋亡等几乎全部生命过程的信息。我们现在对基因结构和功能的了解，可能仅仅是冰山的一角。对基因以及癌症发生过程的了解不够彻底，导致我们在癌症治疗上还有很长的路要走。

（二）癌症是自身细胞发生变化产生的，癌细胞是身体的一部分，这就使癌症治疗过程比较复杂

举个例子，对待细菌感染，我们可以用抗生素，抗生素只杀细菌，而对人体细胞没有影响。而化疗药物在杀死癌细胞的同时，也会杀死正常细胞，比如负责造血和维持免疫系统的造血干细胞。这就会对身体功能造成很大副作用，影响到癌症的治疗。细胞癌变过程如图2所示。

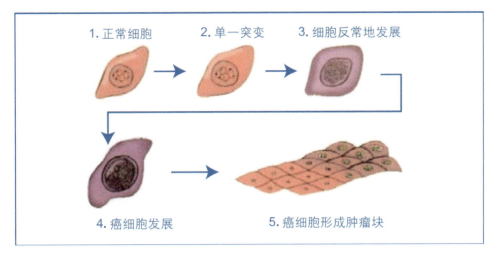

1. 正常细胞　　2. 单一突变　　3. 细胞反常地发展

4. 癌细胞发展　　5. 癌细胞形成肿瘤块

▲图2　细胞癌变过程

（三）癌细胞本身比较聪明

癌细胞是非常聪明的，它们可以伪装逃避免疫系统的监视，可以变化应对药物的打击出现耐药，可以分身出现不一样的癌细胞，可以休眠很久伺机东山再起，等等。这些都使我们对癌症的治疗变得不太容易。

（四）我们国家的癌症病种和国外不一样

由于特定的社会发展阶段和人种差异，我国和欧美发达国家的癌症发

病种类不一样。我国常见的肿瘤为肺癌、胃癌、肝癌、大肠癌和食管癌等，这些肿瘤的总体预后本身就比较差，显著低于美国高发的前列腺癌、乳腺癌、肺癌、大肠癌和黑色素瘤等癌种，导致癌症总体 5 年生存率比较低。我国常见癌症死亡人数占比如图 3 所示。

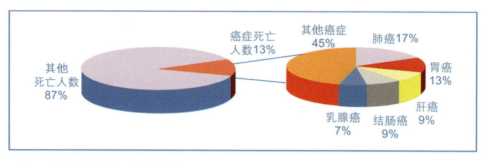

▲图3　我国常见癌症死亡人数占比

（五）对癌症预防和治疗的认知不足，导致我国民众就诊时间普遍较晚

癌症诊断早晚的差别，直接影响癌症患者的治疗效果和生存预后。我们现在很多癌症患者到医院就诊的时候都已经是中晚期，肿瘤负荷较大，这也影响了患者的总生存率。

三、癌症的发生和什么因素有关？

癌症可以理解为基因、环境交互作用的结果，影响因素比较复杂，过程比较漫长。癌细胞产生的起因多为环境因素，但必须通过原癌基因的激活、抑癌基因的失活，然后经过多阶段复杂的过程，最终才能形成癌细胞。

在这一漫长的致癌过程中，环境是癌变的外因，身体内相关基因的遗传学改变是内因。环境致癌因素通过遗传机制的改变使细胞发生癌变，两者对癌变作用的大小随着具体情况会发生变化。这也是为什么有的人吸烟喝酒很严重，但是没有发生癌症；有的人生活规律，没有不良嗜好反而得了癌症。因为癌症是环境因素和遗传因素相互作用的结果，不同的致癌因素在不同的个体中发挥的作用是不一样的。因此很难说清楚某一个个体发生癌症到底受什么因素影响最大。

总体来说，癌症发生的外界因素大致分为三类：物理致癌因子、化学致癌因子和生物致癌因子。物理致癌因子主要指辐射，如紫外线、X射线等。化学致癌因子有无机化合物，如石棉、砷化物、重金属等，有机化合物，如联苯胺、烯环烃、亚硝胺、黄曲霉素等，都是化学致癌因子。生物致癌因子是指能使细胞发生癌变的病毒、细菌，如HPV病毒、幽门螺旋杆菌等。内因就是个体的因素，主要包括年龄、精神因素、内分泌失调、免疫缺陷与遗传因素等。

总体来说，癌症的发生和多种因素有关，有些因素是没有办法改变的，有些因素是需要长期保持才能起作用的，因此我们在平时的生活中要尽可能保持健康的生活方式，心情舒畅，希望可以在预防癌症上发挥一些作用。

四、癌症如何来预防？

癌症预防这个问题比较复杂，涉及个人的健康意识、生活方式、科学素养等多个方面。

首先可能有很多朋友对癌症预防这个概念还有不恰当的认识，认为预防癌症就是不得癌症，这是不全面的。我们说预防癌症分两个方面，也就是一级预防和二级预防。一级预防，又称病因预防，是在疾病未发生时针对病因采取的措施，其目标是防止癌症的发生。针对各种致癌、促癌的因素采取预防措施，包括科普教育、生活方式、戒烟限酒、适当运动、心情舒畅等，目的在于加强对病因的认识，减少对危险因素的接触。一级预防可以减少癌症的发生，也就是说在一定程度上可以让你远离癌症。

二级预防的概念就是早发现，早诊断，早治疗。这是属于在临床前期早期发现癌症、及时做出诊断治疗的范畴。我们都知道，癌症根据早晚分为一、二、三、四期，不同的分期预后是不一样的。一般情况下，癌症如果能在一期发现并及时治疗，患者的 5 年生存率往往能达到 90% 左右。如果能够在癌症前期发现并进行治疗，那么 5 年生存率基本上就是接近 100% 了。但是如果到第四期才发现，那么 5 年生存率就可能低至百分之十几甚至个位数。所以可以说，癌症发现早晚的差别可能就是生和死的差别。

癌症的预防无外乎就是这两个主要的手段：一方面我们要保持健康的生活方式，尽可能远离癌症相关致病因素，避免癌症的发生；另一方面，我们也要积极地进行筛查和体检，早期发现、早期诊断、早期治疗，获得一个很好的治疗效果，也是预防癌症的重要方式。

实际上，我个人认为，二级预防也就是早诊早治，才是我们可以掌握、最接地气、最可行的癌症预防方式。

五、怎么预防癌症最有效？

我们刚才说了癌症的预防可以分为一级预防和二级预防，那么哪种方法最有效呢？

实际上，两种方法都很重要，在癌症预防上都在发挥着重要的作用，我们不好评价哪种预防最有效，因为很多效果是没有办法量化的，我们只能说哪种方法更可行。

癌症发生的原因非常复杂，生活环境、吸烟饮酒、运动、饮食等都和癌症发生有关系，还有年龄、情绪、免疫、遗传，等等，也都和癌症的发生有关系。到底哪个因素最重要呢？我们前面也说过，癌症是环境因素和遗传因素相互作用的结果，不同的致癌因素在不同的个体中发挥的作用是不一样的。因此很难确定某一个个体发生癌症到底受什么因素影响最大。这就像孩子们上学一样，孩子学习成绩和哪个因素有关呢？学校水平，班级环境，同桌成绩，有没有上辅导班，家里环境，平时谁带孩子，父母学历，等等，我们不知道哪个因素在起决定性作用，可能不同的孩子受某个因素影响的程度也会千差万别。癌症的发生也是一样，影响因素太多，而且很多因素是我们很难左右的：年龄、遗传都是没有办法改变的；生活环境、工作环境等也很难改变；情绪、免疫也很容易受身体和周围环境的影响，这些因素对我们的影响更是难以把握和改变。

孩子的成绩怎么来评价呢？只有考试才能让我们了解孩子的学习成绩到底怎么样，才能知道孩子的哪门功课是薄弱点，哪门功课的哪个方面是薄弱点，然后我们才能有的放矢地进行补课、进行强化，把成绩补上来。身体也是一样，我们只能通过体检才能了解我们的身体哪一部分健康，哪一部分不太健康，哪一部分需要紧急处理。而且针对癌症的防癌体检更是能够做到精准、个体化，是我们预防癌症的有效手段，也是自己可以把握的手段。癌症的发生是一个漫长的过程，需要几十年的时间。在癌细胞一出现的时候，我们的医疗手段就有可能发现癌症的蛛丝马迹。

所以，定期进行有效的体检才是预防癌症更可行的方法。

六，如何进行精准、个体化的防癌体检呢？

好多人都说，体检有什么用处？我们周围的好多人每年都体检，不也照样最后得了一个晚期癌症吗？回答这个问题只能说不是体检没有用，而是体检的时候采取的检查方法不正确。

现在大家越来越认识到体检的重要性，参加体检的人也越来越多。但同时也有很多人都认为体检没有用处，年年体检，最后发现癌症都是晚期，看起来体检没有任何意义。实际上，中国的体检行业的整体规范性和消费者的体检理念还比较落后。很多人认为检查做得越多就越能保证自己的身体健康。另外很多体检都是按照"套餐"进行，没有医生进行风险评估后再决定需要做哪些检查。大部分都是客户想要做什么检查，体检中心就会提供相应的检查，做什么样的体检通常取决于客户愿意出多少钱。因此很大程度上健康体检就是一个市场行为，而不是医疗行为。

在这里我要强调的是，防癌一定要靠自己。这个有两方面的意思：第一，个人是保持健康的责任主体，只有主动关心自己的健康我们才能自发去做一些预防癌症的工作。现在很多朋友自己主动去进行体检（说实话这些人值得鼓励，说明他有健康意识），但往往没有专业的知识为自己挑选合适的体检项目，只能随便选一些自己认为应该检查的项目，往往就会产生偏差。所以建议大家一定要多了解一些医学知识，要了解自己的个人史、家族史以及自身可能存在哪些问题等。只有自己的健康意识和科学素养达到一定的水平，才能清楚地知道如何保持自己的健康，才知道如何去体检，应该着重注意检查哪些器官。第二个，防癌体检不能依靠单位安排，要自己根据实际情况在单位体检的基础上再补充一些必要的检查才行。现在很多人的体检都是单位安排的，检查项目也是听由单位安排，让查啥就查啥，自己根本不操心。很多时候都是每年重复相同的、没有实际意义的例行检查。单位负责安排体检的人往往也不是搞医学专业的，不知道哪些人该查哪些项目，哪些项目没必要做。而且很多单位并没有太多的经费来安排职工进行比较详细全面的检查，往往就是根据钱的多少来选择几个项目进行检查，结果肯定会查不全或者查不准。

一个完整的防癌体检一定要包括流行病学调查、体格检查、实验室检查、影像学以及内镜检查、定期复查随访等几个环节。这几个环节都是不可或缺的，流行病学调查是了解你的个人史、疾病史、家族史等信息，可以初步了解你可能具有哪些癌症高危因素，然后才能有针对性地确定下一步的体检项目。比如说，50岁男性吸烟30年了，一定要做一个胸部低剂量CT来重点关注肺癌。再比如，一个人有乙肝肝硬化，我们就要重点关注肝癌，一定要重点做肝脏超声甚至进行腹部CT检查，等等。体格检查虽然看起来不是那么准确，但在一些体表器官如甲状腺、乳腺以及体表和直肠的检查中往往发挥很重要的作用。实验室检查是非常重要的项目，包括血、尿、便常规检查，血生化、病毒、肿瘤标志物，甚至基因检测，等等。实验室检查的重要性无须多言，可能一个简单的尿便常规就能发现一个癌症患者；一项肿瘤标志物的异常可能揭开一个癌症的盖子。虽然实验室检查容易受身体其他情况的影响而出现一些偏差，但毕竟方便、高效，仍然是体检项目的重要组成部分。影像学和胃肠镜检查更是体检的重中之重，现在很多异常情况的诊断最后还要落在影像检查上，往往只有依靠影像检查的异常发现，医生才能进行下一步的处理。超声、CT、钼靶、核磁以及胃肠镜，每一项检查都是非常重要的。定期随访复查也是体检中需要特别注意的事情。每一种疾病发生发展都有其自身的时间规律，我们要结合身体的情况和检查的结果定期进行复查。体检不是一次检查正常就万事大吉了，就可以好几年不需要再体检了，而是需要定期检查，而且某些情况下可能还要 3 个月、半年就查一次。比如体检发现萎缩性胃炎，发现肺上的小结节，发现结肠息肉等，都需要根据具体情况在一定时间内再一次复查，以了解疾病发展的情况并及时给予治疗。

实际上，体检不是一项标准的产品，也不是"大锅饭"。每个人的情况都不一样，自己需要做什么检查，哪些项目是最有效的，这都需要有医生的帮助，也就是说体检需要精准和个体化，需要量身定制才行。个体化就是要根据体检客户的实际情况来选择体检项目。这个要依靠专业医生进行流行病学调查之后，通过风险评估确定的。精准就是要检查到位，也就是说要采用最准确的一种方法或者几种方法结合进行检查。比如肺癌的筛查要用胸部低剂量 CT 而不是胸片，消化道检查要用胃肠镜而不是肛门指检，同时还要结合实验室甚至病理检查一起，才能做到最有效、最准确。

癌症的预防无非就是保持健康的生活方式，心情舒畅，定期体检。而体检对于个人来说尤为重要，因为只有体检才是真正落地而且是自己可以掌握的。所以说要防癌还是要靠体检，当然这个体检一定是科学的、精准的、个体化的。希望大家都能够时刻保持警惕性，主动去专业的机构定期进行体检，在癌症还没有形成或者是刚刚形成的时候就及时发现、及时治疗，彻底把癌症拒之门外。

02

重获新生——器官移植的科学

◎ 谭 亮　　　　　　　　◎ 赵 勇
中南大学湘雅二医院　　　　中国科学院动物研究所

人由不同的器官构成了一个整体，而各个器官的独特作用以及器官之间的相互作用支持着正常的生命活动。但是，由于遗传、环境、衰老等多种因素的共同作用，人体的器官可能出现各种各样的疾病，甚至导致器官功能的衰竭。单一器官功能的衰竭往往会影响多种人体正常机能，从而引起多器官功能衰竭甚至死亡。比如肾功能衰竭后产生的尿毒症，罹患尿毒症的患者容易出现高血压、贫血、骨病等多种并发症。那么，当人体重要器官功能终末衰竭后如何进行有效治疗呢？这正是本文要粗浅讨论的话题。

公元前 300 年，《列子·汤问》记载了扁鹊因相互取长补短而为两人互换心脏的古老传说。《列子·汤问》中描述的互换器官的专业术语为器官移植。在现实生活中，器官移植的本质目的是通过为器官功能衰竭的病人移植正常的器官以恢复其健康。1954 年美国的 Murray 成功地为一对同卵双胞胎进行了肾移植，由此揭开了人类器官移植的序幕，Murray 也因此获得了 1990 年诺贝尔生理学及医学奖。在中国，1960 年北京医学院（现北京大学医学部）第一医院成功进行了国内首例肾移植，1977 年上海瑞金医院成功进行了国内首例肝移植并于 1978 年成功完成了国内首例心脏移植。这些器官移植开创了国内移植的先河。免疫抑制药物、血管吻合技术以及器官保存技术的进步，推动了器官移植临床的巨大飞跃，以 1978 年出现的新型免疫抑制药物环孢素 A 为例，它的出现极大地提升了免疫抑制的效果和移植器官的生存时间。目前，器官移植已成为治疗各类晚期器官功能衰竭疾病的最重要手段，给许多患者带来生命的延续和生活质量的提高，是 20 世纪临床医学的重大成就之一。

一、器官移植相关概念

关于器官移植，这里首先必须介绍器官移植的相关概念。移植是指将一个体有活力的细胞、组织或器官通过手术或其他技术移植到自体或另一个体的某一部位。移植的细胞、组织或器官称为移植物，供给移植物的个体称为供体，接受移植物的个体称为受体。顾名思义，器官移植指的是将供体的器官移植给受体。常见的移植见表 1。

表 1　常见的移植

移植物类型	示例
细胞移植	造血干细胞移植、胰岛细胞移植、肝细胞移植等
组织移植	角膜移植、皮肤移植、脂肪移植、血管移植等
器官移植	肝移植、肾移植、心脏移植、肺移植、小肠移植等

（一）根据移植供体和受体遗传基因背景分类

1. 同质移植：供体与受体具有完全相同的遗传基因型，两者之间的器官移植称为同质移植。如同卵双胞胎，其具有相同的遗传基因型，不会发生排斥反应，受体不需要接受免疫抑制药物治疗。

2.同种移植：供体与受体属于同一种属，但具有不完全相同的遗传基因型，两者之间的器官移植称为同种移植，也称为同种异基因移植。这是目前开展最为广泛的移植类型，抑制排斥反应受体需要持续接受免疫抑制药物治疗。

3.异种移植：供体与受体属于不同种属，两者之间的器官移植称为同种移植。如猪的器官移植给人，由于种属遗传差异大，会发生强烈的异种排斥反应。因强烈的异种排斥反应以及潜在的动物源性疾病传播风险等原因，异种器官移植目前主要处于实验研究阶段。

（二）根据移植部位分类

1.原位移植：将移植物移植到该器官正常解剖部位，如大多数的原位肝移植和心脏移植等，需要切除受体病变的对应器官。

2.异位移植：将移植物移植到该器官不同的解剖部位。如肾脏移植，一般不需要切除受体病变的肾脏，移植肾被移植到受体的髂窝。

（三）根据移植物供体来源分类

1.尸体器官移植：移植物来自死亡的供体，目前在国内开展的中国公民逝世后器官捐献与移植即属于此类。并不是任意尸体器官都能被用于移植，临床对供体的死亡时间、死亡前的医学状态、移植器官功能状态以及器官获取的可及性均有严格的要求。

2.活体器官移植：即移植物来自活着的供体，如亲属之间的器官捐献与移植。活体器官捐献需满足一定的法律法规以及伦理规定等。根据《人体器官移植条例》和《卫生部关于规范活体器官移植的若干规定》（卫医管发〔2009〕126号），活体器官捐献应当遵循自愿、无偿的原则，供体与受体仅限于以下关系：① 配偶：仅限于结婚 3 年以上或婚后已育有子女的；

② 直系血亲或者三代以内旁系血亲；③ 因帮扶等形成的亲情关系：仅限于养父母和养子女之间的关系、继父母与继子女之间的关系。

（四）移植排斥反应

受体的免疫系统具有识别自我与非我的功能，当免疫系统识别到非我的移植物时，免疫系统将攻击移植物，从而产生排斥反应。根据排斥反应发生的时间、机制以及病理表现，移植排斥反应分为超急性排斥反应、加速性排斥反应、急性排斥反应和慢性排斥反应。超急性排斥反应：在移植后 48 小时内发生的剧烈、不可逆的排斥反应；目前，通过良好的组织配型等检测技术，超急性排斥反应在临床上较少发生。加速性排斥反应：一般移植术后 3~5 天发生的剧烈、不可逆的排斥反应。急性排斥反应：是目前器官移植中最常见的一类排斥反应；其发生取决于供体与受体的配型程度、免疫抑制药物的应用方案以及诸如感染之类的诱发因素。目前所应用的免疫抑制治疗方案主要是针对急性排斥反应。慢性排斥反应：这类反应是目前限制移植物长期存活的最大障碍之一，并且目前缺乏十分有效的治疗手段。

二、器官移植临床

（一）为什么需要做器官移植

理论上器官移植是治疗各类终末期疾病的最有效手段，如各类肾脏疾病导致的肾功能衰竭、终末期肝功能衰竭、终末期心脏病、终末期肺部疾病、常规手段治疗无效的糖尿病等。

那么这些器官功能衰竭的病人为什么要接受器官移植呢？器官移植能

给他们带来什么益处呢？①器官移植最直接的益处就是延长生命（见表2）：以原发性肝癌患者为例，其5年存活率不到5%，而国内数据显示接受肝移植治疗的原发性肝癌患者5年累积存活率为76.8%~78%。②改善生活质量：比如尿毒症患者，长期处于病态并饱受各种并发症困扰，为接受治疗需频繁至医疗机构，严重影响生活质量；而肾移植术后恢复良好的受体，身体各方面能够得到改善，从外观上很难辨别其接受了肾移植，大部分受体能够从事轻体力劳动并创造社会价值，一般只需定期至医疗机构复查。③社会效益：从尿毒症病人接受透析治疗与接受肾移植治疗的成本效益分析，肾移植更加具有优势。④其他效益：当器官移植在延长受体生命、创造社会效益的同时，也有利于患者的家庭关系、社会关系；少数未生育的女性受体甚至在移植后生育了小孩。

表2 部分器官移植的存活最长时间纪录

器官移植种类	最长存活时间 / 年
活体肾移植	46
尸体肾移植	40
肝移植	40
心脏移植	31
胰腺、肾脏联合移植	24
肺移植	21
心脏、肺联合移植	25
肝脏、肾脏联合移植	25
小肠移植	19

注：摘自陈孝平主编的《器官移植临床指南》（第3版）。

　　虽然器官移植具有很大的健康效益和社会效益，但并不是所有患者均能接受器官移植。患者必须满足包括营养、体质、机体各系统功能以及手术部位条件在内的机体状况要求以及社会伦理要求，并且不具有明显的禁忌证，如消化性溃疡、活动性感染、未治愈的恶性肿瘤（因肝癌进行的肝移植除外）等。

（二）器官移植的配型

　　能引起排斥反应的抗原称为移植抗原，又称为组织相容性抗原。根据抗原性的强弱，组织相容性抗原被分为主要组织相容性抗原和次要组织相容性抗原。供体与受体的相互匹配情况是进行移植器官分配的重要依据之一，常规的配型包括血型和主要组织相容性抗原两个方面。此外，在移植前受者至相关移植中心完善的配型检测还包括传染病筛查、移植禁忌证筛查、排斥相关的抗体筛查等。在完成配型检查后，移植中心工作人员会将这些资料上传至中国人体器官分配与共享计算机系统（China Organ Transplant Response System，COTRS），从而纳入等待者名单。

（三）免疫抑制治疗

　　为抑制受体对移植物的免疫排斥反应，接受同种异基因器官移植的受体必须接受免疫抑制治疗。为达到理想的免疫抑制程度，同时避免由于大剂量单一用药所带来的副作用，目前常规的术后维持性免疫抑制治疗由多种免疫抑制药物联合组成。在服用免疫抑制药物的同时，受体应定期至移植中心监测部分免疫抑制药物的血药浓度，如他克莫司、环孢素 A 等，移植医生将根据这些结果对免疫移植药物用量进行调整。随着移植术后时间的推移，免疫抑制程度也是一个递减的过程，即免疫抑制药物的用药剂量会被逐渐减少。

（四）器官移植后的感染风险

感染是威胁器官移植受体生命健康的最重要因素之一。由于移植前受体的疾病状态、移植手术、供体感染的潜在传播、免疫抑制等因素的影响，移植后受体存在各种感染风险，并且各种感染的症状和体征与常人存在差异，具有不典型性。在器官移植后，随着时间的推移，受体发生的感染具有一定的特点：术后 1 个月内以医源性感染和供体来源的感染为主；术后 1~6 个月以受体各种潜在性感染激活为主；术后 6 个月以上以各种社区获得性感染为主。对于感染的预防，主要措施包括避免接触各种感染易发环境和易感人群，术后短期预防性抗感染治疗，必要的且符合移植要求的疫苗预防接种，良好的医患沟通，等等。

三、中国公民逝世后器官捐献

（一）目前器官移植面临的困境

目前，供体器官来源紧张是限制器官移植的最重要因素。以世界器官移植第一大国美国的肾移植为例，2017 年美国器官获取与移植网络（UNOS）报告显示，2017 年等待接受肾移植的成年患者为 92 685 人，其中同年新增 30 918 人，移除 33 891 人，被移除的最主要原因是等待者死亡或病情恶化。有数据显示中国有约 150 万罹患各类晚期器官疾病的病人，其中约 30 万需要接受器官移植治疗，而每年实际完成的各类器官移植数量仅 1 万多例。中国作为世界器官移植第二大国，虽然于 2010 年启动了中国公民逝世后器官捐献（China Donation after Citizens Death，CDCD），但器官来源紧张仍然是限制器官移植的最重要因素。美国器官获取与移植网络（OPTN）数据如图 1 所示。

▲图1　美国器官获取与移植网络（OPTN）数据
（https://optn.transplant.hrsa.gov/）

（二）中国公民逝世后器官捐献的分类

根据国际上通常采用的 1995 年 Maastricht 国际会议定义的器官捐献分类标准，2011 年中国人体器官移植技术临床应用委员会公布了中国人体器官分类标准（见图 2），标准分为：中国一类（C- Ⅰ），即脑死亡器官捐献，经过严格的医学检查后，捐献者各项指标符合脑死亡国际现行标准和国内最新脑死亡标准，家属完全理解并选择按脑死亡标准停止对捐献者的治疗并捐献其器官；中国二类（C- Ⅱ），国际标准化心死亡器官捐献，即捐献者心脏停跳死亡后的器官捐献；中国三类（C- Ⅲ），中国过渡时期脑 - 心双死亡标准器官捐献，即虽在捐献者已完全符合脑死亡器官捐献标准，但鉴于对脑死亡法律支持框架缺位，现依严格程序按心脏停跳死亡后的器官捐献实施。所有的捐献器官必须通过中国人体器官分配与共享计算机系统（China Organ Transplant Response System，COTRS）进行分配与共享。

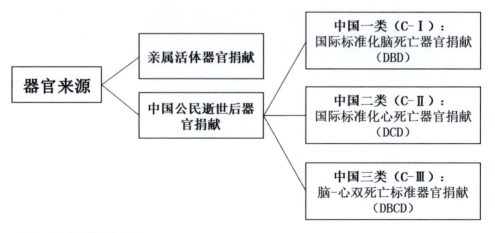

▲图2 国内移植器官来源

（三）中国公民逝世后器官捐献流程

对于有意愿逝世后捐献器官的个人，可以登录中国人体器官捐献管理中心网站登记志愿捐献意愿。对于罹患各种严重疾病且无救治希望、生前未明确拒绝器官捐献的患者，其近亲家属可以与当地红十字会、器官获取组织取得联系并咨询中国公民逝世后器官捐献的相关情况。当负责患者所在区域的器官获取组织接到信息后，将会派出中国人体器官捐献协调员与家属进行沟通，详细介绍器官捐献相关法律法规、程序等情况并解答相关问题；在获得家属同意后，将由相关医务人员对患者进行包括病情是否符合捐献条件、器官功能情况等在内的多方面的评估；若患者各项指标符合相关规定与医学条件，在获得近亲属书面同意后将安排器官捐献等相关工作，包括完善患者的器官配型相关检测并由器官获取组织相关人员将器官配型相关检测上传至COTRS；器官获取后将根据COTRS分配结果被分配至相关器官移植中心并被用于器官移植。

（四）中国的器官捐献情况

自 2010 年中国启动中国公民逝世后器官捐献工作以来，中国的器官捐献与移植工作得到了巨大的发展，逝世后器官捐献工作也越来越被人民群众所接受。截止到 2019 年 10 月 20 日，中国人体器官捐献管理中心（http://www.rcsccod.cn/）数据显示，国内志愿逝世后捐献器官的登记人数为 1 582 445 人，已实现捐献 26 169 例，捐献器官 74 737 个。自 2015 年起，中国公民逝世后器官捐献与亲属活体器官捐献已成为国内仅有的两种移植器官来源。

四、器官移植的未来

目前，移植器官短缺、移植排斥反应、免疫抑制药物毒副作用等困扰着器官移植。为摆脱这些困扰，移植生物学家和临床医学专家除了在研究并进一步完善抑制移植排斥等外，也在积极探索更多器官移植方案，如人造器官、干细胞修复、异种器官移植。随着材料学、干细胞科学等科学与技术的发展，人类在一步步向制造功能健全的人体器官组织方向迈进；3D 生物打印技术的出现为人造器官提供了新的解决方案，其原理是按照器官的蓝图并利用构成器官的不同组分通过 3D 打印技术制造器官。此外，异种移植也是另一种策略，从结构和生理学特点、可获得性、伦理等多方面分析，猪的器官是较理想的异种器官来源。通过基因修饰技术，科学家已部分攻克了异种排斥反应、猪逆转录病毒这两个阻碍异种移植前行的主要障碍。相信在不久的将来，在实现无排斥反应、无免疫抑制的器官移植同时，器官移植将成为治疗各种器官疾病的首选，造福人类。

参考文献

［1］卫生部．卫生部关于规范活体器官移植的若干规定［EB/OL］(2009-12-28). http://www.nhc.gov.cn/yzygj/s3586q/200912/b7ec9228f6ad4d529871d159de20a30d.shtml.

［2］国家卫生健康委员会．国家卫生健康委员会关于印发人体捐献器官获取与分配管理规定的通知［EB/OL］.(2019-01-17). http://www.nhc.gov.cn/yzygj/pqt/201901/e43b5d9bf87446c4a4a32da01c1e6aad.shtml.

［3］卫生部．卫生部办公厅关于启动心脏死亡捐献器官移植试点工作的通知［EB/OL］.(2011-04-26). http://www.nhc.gov.cn/yzygj/s3586q/201105/03ddc86c0d974c058832807f7414d596.shtml.

［4］中华医学会器官移植学分会．中国公民逝世后器官捐献流程和规范（2019版）［J］.器官移植.2019,(10)2:122-127.

［5］FISHMAN J A. Infection in Organ Transplantation［J］.Am J Transplant, 2017,17(4):856-879.

［6］FISHMAN J A, Rubin RH. Infection in organ-transplant recipients［J］. N Engl J Med, 1998,338(24):1741-1751.

［7］FISHMAN J A. Infection in solid-organ transplant recipients. N Engl J Med, 2007,357(25):2601-2614.

［8］HART A, SMITH J M, SKEANS M A, GUSTAFSON S K, WILK A R, CASTRO S, ROBINSON A, WAINRIGHT J L, SNYDER JJ, KASISDE B L,et al.OPTN/SRTR 2017 Annual Data Report: Kidney［J］. Am J Transplant,2019,19(Suppl 2):19-123.

［9］陈孝平.器官移植临床指南［M］.3 版.北京：科学出版社,2013.

［10］陈实，郭辉.移植病理学［M］.北京：人民卫生出版社,2009.

［11］张佳斌，任辉，纪旭，等.肝移植治疗原发性肝癌 194 例的临床效果分析及术后肿瘤复发的危险因素［J］.中华器官移植，2014，35(6):337-340.

［12］ZHENG S S, XU X, WU J, et al. Liver transplantation for hepatocellular carcinoma: Hangzhou experiences. Transplantation, 2008,85(12):1726-1732.

［13］WALLCE M C, PREEN D, GARY P E, et al. The evolving epidemiology of hepatocellular carcinoma: a global perspective［J］. Exp Rev Gasteoen Hepatol, 2015,9(6):765-779.

［14］MIRONOV V, BOLAND T, TRUSK T,et al. Organ printing: computer-aided jet-based 3D tissue engineering［J］. Trends Biotechnol, 2003, 21(4):157-161.

03
如何对抗你的思维惯性

◎ 叶　壮
上海帆行教育研究中心

人大脑的运转很多时候是并不受控的。如果不经训练，人们很难掌握彻底让大脑"放空"的技巧。就算无所事事，大脑里也总是萦绕着这样或者那样的思维，有回忆，有期待，有开心的，有伤感的。这不是坏事，毕竟几十万年的进化，让我们的大脑获得了这样的机制。但是这会有风险，因为"不受控"的思维，往往会对生活产生我们意想不到的影响。所以，接下来我们就谈谈该如何对抗已经成型的思维惯性。

一、你要知道，思维也有舒适区

（一）人为什么会有思维惯性呢？

教育心理学家高普尼克在《园丁与木匠》中提到，儿童一旦超过了6岁，学习的方式就会发生质的改变。在这之前，他们主要依靠探索完成学习，而在这之后，他们会进入"掌控式学习"的阶段。在这个阶段，他们会接受、理解、掌握，进而习惯于各种各样的解决问题的方法、手段和思维模式。然后在碰见问题时，就可以快速检索解决方案，一击必杀地搞定问题。

当然，让孩子知道，哪些方法有用，哪些方法没用，甚至哪些方法本质上是屠龙之技，这都需要练习，但是我们不难看出：建立属于自己的思维惯性，进而更加有效地去解决生活中的问题，这是人们在这个世界中求生存的一种重要模式。这就像你需要有一本印刷在脑子里面的手册，碰见一个问题就翻翻看手册里是怎么说的，然后再照方抓药，药到病除。那这个手册，自然人跟人就不一样了。比如我跟我老婆，可能面对同一个问题时，从手册里调用的解决方案就会不大一样；或者我跟我儿子，我这么多年的人生阅历，八成也会让我的手册要比他的完善一些。可是，就像你老用手机对抗无聊，就会导致一无聊就刷手机一样，如果你老用这个手册来对抗问题，也会导致你一有问题就翻这个手册——而没有太多考虑，其实还有更多的去解决当下问题的可能性，或者还有更好的方法去帮你解决问题。

（二）人为什么要跳出思维舒适区？

思维惯性不是不好，进化让人类产生这样的问题解决机制，本身就是因为它的效率很高。但是在这个熵增与多变的环境中，思维惯性往往会导致你的节奏慢一拍。但思维惯性的优点，也恰恰拉了它的后腿——它给人带来了一个在认知上的舒适区，保留着确定的思维模式，也许不能让你出色，但起码可以让你及格。于是，很多人就沉湎于这个舒适区，死活不愿意出来了。

所谓舒适区，是一种外界环境和心理状态的组合，当你身处其中时，总是会感觉舒服一点——它可能是"肥宅快乐水"，它可能是不用动脑子的搞笑网综，它可能是一个你特别擅长的小众游戏。哪怕你有着巨大的压力，面对着棘手的问题，它们也能扮演好一个蜗壳的角色。对于不少人而言，它们甚至有点类似于惰性——因为你总不愿意放弃身处其中的轻松，而沉湎于此。至于思维舒适区，它相对而言会复杂一点——它指的是思维上的环境与心态的组合，如果你碰见了某个问题，纯粹出于经验与习惯选用单一的解决方案，说白了，也是因为长期有效而积攒出的一种认知惰性。

（三）那么，面对思维舒适区，我们可以做点什么？

首先，你要明白，舒适区的存在，必然有其道理。人能进化出舒适区这种心理机制，就是因为这能帮助人们规避更多的潜在风险。但你更要明白，恰恰因为舒适区的存在具有相当的本能性，我们才更要严肃认真地分析它，再指导正确的行为。有的人跳出舒适区，还处理得不错，那的确算完成了一次对自我的挑战，他可能因此看到了更广阔恢宏的世界，发现了更优秀的自我。我不想给你猛灌"跳出舒适区，去找到更好的自己"这种陈鸡汤，我知道你有舒适区肯定是有苦衷，我希望你能做的是别被舒适区蒙蔽，可以好好分析一下自己的客观情况，然后做出理智的决定。

其次，如果你真的要跳出舒适区，第一件要做的不是跳，而是要知道跳到哪。很多人不敢跳出舒适区，是因为舒适区外的可能性太多。比如，你的舒适区是玩"吃鸡"，今天如果你要跳出舒适区，你只知道这意味着"不玩吃鸡了"，但"跳出"这件事并不能直接指导你该去做什么。没错，你是不"吃鸡"了，但你是去玩"王者荣耀"呢，还是看论文呢，或者是去图书馆刷题呢？所以，把你跳出舒适区的行为具体化与目标化，找到自己的方向，是用劲儿往外跳的重要前置工作。

最后，如果你没法"说服"自己走出舒适区，你可能需要提升的是另一种跟自己交流的技能：反驳自己的认识。很多人想走出舒适区，但是苦于一种"没错，但是……"的假设。"你想不想要升级一下现在的项目方案？""没错，我想要，但是……"这个但是后面可能跟上许多后缀，比如新方案客户不满意怎么办，新方案的效果不如老方案怎么办，新方案到时候因为不成熟要一改再改，自己没时间怎么办，等等。所以，与其逼着自己说服自己跳出思维舒适区，不如学会反驳自己的种种顾虑。当然，也许你已经想要跳出思维舒适区了，但是还有一种茫然感——我哪知道我的哪些思维是自己的舒适区呢？

二、如何应对刻板印象带来的负面影响

接下来，我们就探讨一个最容易变成"坑"的思维舒适区，它也是社会心理学研究的经典课题——刻板印象。

（一）刻板印象不仅仅是印象，而且直接影响了行为和认知

所谓刻板印象，指的是我们对某些特定类型人、事或物的一种概括的看法，它有两个特点：第一，这些看法可能是来自同一类型的人、事、物之中的某一个个体给旁人的观感——颇有以偏概全之嫌；第二，负面的刻板印象比正面的刻板印象更容易传播与被认同——对于种族、性别、地域的一些刻板印象，往往是负面的信息传播效率更高。

也恰恰因为这些特点，刻板印象不仅是社会心理学研究的重点内容之一，因为很容易过渡到"歧视""人群冲突""贴标签"等问题，它也是社会学，甚至人类学都很爱讨论的一个课题。

很多信息之间的联结，其实都在人的大脑里预留了一种捷径，"刻板印象"就是这种捷径之一。

我们可以这样理解：刻板印象是人类的思维中一条布满荆棘的近道儿。

我们通常觉得四川人能吃辣，东北男人很豪气，外国人也总认为每一个中国人都会功夫，而且乒乓球打得也肯定很好——这些都是刻板印象。它们

虽然多跟事实有明显出入，但就是深深扎根在人们的脑海里。很多时候，不用多说话，我们只要看对方一眼，刻板印象就已经开始产生作用了。当我们注意到对方开什么车、戴什么表、用的手机是什么牌子的、皮鞋擦得干净不干净，我们就已经开始通过这些信息下意识地衍生出更多的信息来。

人们很难逃离刻板印象的影响，因为它的存在其实是进化的产物。刻板印象可以有效降低人们社交中的认知损耗。我们一生都在跟各种各样的人打交道，但只有那些和我们有深入关系的人，比如亲人、恋人、偶像，我们才会进行真正深入的了解。而其余的大部分人，我们如果又想和他们打好交道，又想节省认知资源，就要借助刻板印象的力量了——它可以帮我们从少量的已知信息中延展出大量的其他信息，又不至于消耗我们太多的资源。这个功能其实是非常有必要的——倘若我们每跟一个人打交道，就要先把人家前前后后所有的真实信息盘查清楚，然后再正式开始社交，那其实是非常消耗资源的。

（二）如何应对日常生活中刻板印象带来的负面影响

但是在日常生活中，刻板印象还是会招致一些潜在的负面的影响。比如，文化中的刻板印象还会真的塑造人——以他们意识不到的、未必愿意的一种潜移默化的方式。

人格心理学家埃森克曾经和知名的英国占星大师杰夫·梅奥做过一次联合研究：梅奥开了一个专门教占星术的学校，他从学校里的学生和自己的客户里，选了 2 000 个样本，去填写了埃森克研发的人格量表。这个研究，要么能给占星术正名，要么能够撕下所谓星座理论的面纱。但是，这个研究的结果让包括我在内的大量心理学人都非常震惊：调查结果与占星学说给人做的分类完全吻合，比如说水象星座的人的确要比土象星座的人在神经质方面的得分高一点，火象星座的人还真的就挺外向的。占星学自己的期刊上大书特书这项研究——这在他们看来，毕竟是学科上的巨大胜利嘛。但是埃森克紧接着做了两个后续研究，一个研究针对 1 000 名儿童，另一个研究转向了对于占星学了解程度深浅不一的成人身上。最后，他的研究结果颠覆了之前的第一个实验：孩子们的人格特质与出生日期没关联性；成年人的人格特质与他们的出生日期之间的关联性，高度依托于他们本人是否了解星座。

所以，结论是这样的：并不是因为你出生在什么时辰，带来了怎样的性格，而是因为你先产生了"某个星座的人该有某个性格"的刻板印象，然后把自己的性格与行为风格塑造成了那个样子。

所以在我看来，虽然很多人说刻板印象的最大缺点，是会让你看不到别人身上的闪光点，我还真不这么想，因为我觉得刻板印象的最大潜在风险，其实是导致你做出自己根本没意识到的决策与改变。因为对别人有刻板印象，远远没有对自己有刻板印象可怕。怎么解决这个问题呢？我觉得有一个核心的要点：接受并允许自己做一个复杂的人。

我知道，很多人都会说，难道我们不该做一个简单而单纯的人吗？没错，但你要注意，这里的简单与单纯，是做人的底线要简单与单纯。而我说的复杂，是做事的上限，要尽量的多样性与复杂。比如你的底线是"快乐"，所有让你觉得不高兴不喜欢的事儿你都排斥，这挺单纯，也没毛病。但你的上限呢？如果也仅仅是个"快乐"，所以所有让你快乐的事儿你都做呗？那明显是不太靠谱的。

刻板印象对于个人的影响，往往会让你的上限不够复杂——比如："我是个男的，但我特别享受给别人化妆的感觉，由于我的性别，我是不是没法当化妆师呢？"比如："我学习一般，但我特别喜欢编程，可我学习没搞上去，就跟我爸说要学编程，我爸会不会不乐意？"比如："我想创业，但我之前一直在给别人打工，我到底能不能创业呢？"

让个人发展为刻板印象所累，就像星座的坚守者认为某个星座就该如何如何一个样，是让确定的框框限制了个人的成长路径。要知道，成长的最大动因与发展模式，其实就是追求更大的可能性。所以我想，很多人"人生不设限"的座右铭，应该跟我表达的意思是一致的。

三、视角狭窄：怎样才能停止钻牛角尖

耶鲁大学心理学教授布莱恩·利特尔在《突破天性》中，用一个全新的视角来阐释人格的形成：他觉得，人对于事物的解释风格的组合，就是一个人的人格。

（一）人格心理学的新思潮：解释风格决定了性格

在利特尔教授看来，外向与内向，就来自一个人对于外界是否"可信任"的解释。如果一个人觉得外界非常安全可信，自然会表现得外向，但如果一个人觉得外界并不那么可信可靠，内向点自然也就成了首选。至于谁对谁错，这并不能有定论——因为性格是为了适应人所处的环境而发展出来的，也就是说，不同的人生阅历意味着对外界的解释不同，而所有对外界解释的集合，就是一个人的性格。至于性格的本质，就是一个人在成长过程中逐渐形成的一套对外部世界的解释系统。

（二）解释风格僵化

既然人格是由解释风格构成的"系统"，而系统一定由多个元件有序组合而成，那自然就有的人系统精密，有的人系统单一，有的人系统高效，有的人系统动不动就死机。而对于很多人来说，在解释风格这个系统上，最常见的一个问题，就是"解释风格僵化"——只擅长或者只愿意用一个维度去嵌套解释所有的事情。要想规避视角狭窄带来的风险，学着用更多元化的解释风格去分析世界，我们就一定要拓宽自己的解释风格系统。而具体的方法，有这样两个：

第一个，拓宽你的经历与情感谱系。很多成年人做心理咨询的时候，跟咨询师只会一个劲儿说"我痛苦"。至于多痛苦、怎么痛苦、为什么痛苦，一概不知道，就知道俩字儿：痛苦。这其实就是一种对自我心理剖析水平不足的表现，更是一种解释风格上的单一。在我看来，这个问题的核心点只有一个：经历与情感谱系偏窄。你可以把人的经历和情绪想象成一个绚丽的光谱，如果你内心的光谱足够完整，自然就会对心理状态和心理特质有更深入的理解和分析能力，但如果你内心的这个光谱处于一个仅仅只有少部分的状态，恐怕就不能理解那么多了——比如，在情绪方面，你可能具备理解"高兴"的能力，但实际上并不知道"欣喜若狂"是什么样的感受，因为你自己从来没有体验过。

第二个，练习自我对话，以改善解释风格系统。对很多人来说，解释风格在绝大多数情况下，都是自动执行的，故而缺乏我们主动的干预。那如果跟大禹治水给黄河改道一样，在解释的时候，有目的、有方法地增加我们主观理性的卷入程度，往往就能起到不错的效果了。

四、从单一到多样：大多矛盾的产生，不是你错了，而是你跟我不一样

（一）你有"思维开放度"吗？

大五人格模型，也就是人格心理学家们口中的 OCEAN 系统，将每个人千差万别的人格特点，归结为五个主要因素，这五个因素是：开放性、尽责

性、内－外倾性、宜人性和神经质。其中，开放性与一个人的幸福感，以及是否更容易被他人喜欢高度相关。而这个特质的本质意思，便是"对外部事物的多样性更有包容度"。

开放度高的人，往往非常随和，与人打交道的时候不爱挑刺，面对各种各样的纷杂事物，也少挑毛病，甚至在面对困难时，往往也会觉得"这很正常，谁干活还没点困难呢"，进而更加乐观与有韧性。当然，开放度高与优质社交、主观幸福感的关系，学界已经有了很多的验证，但是，这毕竟是个人格心理学上的概念。如果把这种"开放与否"的观念，迁移到我们的思维上，其实就碰见了另一个问题——如果人在思维上的开放度不够高，接纳不了别人在想法和认知上跟自己不一样，那其实问题也挺大的。

（二）一种重要的能力：接纳别人跟你的不一样

如果你稍微观察一下，就不难发现，在生活中，很多纠结与矛盾的产生，其实不在于谁对了谁错了，而在于人们认为可接受的答案非常狭窄，继而接纳不了别人跟自己不一样。在生活中的每件事儿上，我们都应该建立一种思维的模式：采用多样化思维，能够接纳别人跟你的不一样，如果实在接纳不了，也要理解别人跟你的不一样。

可说起来容易做起来难，日常生活中，到底该怎么办呢？

（三）如何增加对于多样化的容忍度

要想做到规避以前的单一思维，更多地向外展现出你对于多样化的容忍度，对以下五种做法一定要加以规避。

第一是直接的蔑视。翻白眼的人在我看来从来都不是可爱的人。蔑视的言语和行为的潜台词就是把对方放在一个比自己更低的地位，或者认为对方的话语或者行为不可理喻。"你现在这么低的收入，租房对你而言恐怕是个挺大的负担吧。"类似的话对关系充满了杀伤力。

第二是蹩脚的讥讽。蔑视是不礼貌的，但是蔑视的内容毕竟是有可能客观存在的——你蔑视对方个子矮，而对方真的是个子不够高嘛，纵然有伤害，其实也没说瞎话嘛。而讥讽的讨厌之处在于，它是刻意对他人特质的错误评价与错误延伸。"你走开你走开，你要是不会你就别抢着做，你想显摆什么？"讥讽在嘲笑了他人行为的同时也否认了他人的价值，它曲解了当下的社交情境，让交流变了味道，自然难以对沟通产生积极影响。

第三是无端的戒心。并不仅仅是在言语中充满攻击性的尖酸刻薄者才让人感到不快，把所有外界信息都当作对自身攻击的人同样也并不容易让人喜欢。这样的人觉得身边大多数人都是假想敌，他们往往会预先假设他人对其有所图谋，而别人的一言一行在他自己眼里都恰恰证明了这一点。"你们看，我就知道你早就对我有意见了，怎么样，藏不住了吧？"这样的话会经常把交流带进无中生有的矛盾之中，给社交环境预先贴上了矛盾的标签。有的人在人际关系中，有什么不满意了，既不表达也不沟通，就带着一种"请开始你的表演"的态度，等着对方掉坑。一旦对方掉坑了，他就立刻跳出来，用"不听老人言，吃亏在眼前"的态度高喊："我跟你说，我早就知道！"

第四是消极的沉默。小孩子怄气不说话，会气鼓鼓地坐在一旁撅着嘴，这种情形我们都见过。把这种交流的倾向转移到成人身上就能够很好地表现何为消极的沉默。这种负能量的表现往往由对方说了他不爱听的话而来，他不选择反驳或者辩解，他只是选择了满眼七分怒火三分委屈的沉默。谁都可以看得出他的不高兴，可本人就是倔强地坐在那里，谁也不搭理的同时也拒绝别人的交流，成为社交场上一块又臭又硬同时又让人无法忽视的石头。

第五是没来由的挑衅。挑衅是对他人客观能力、正当权益或实际地位的挑战。比如约会迟到了，对方有点不满意，不仅不解释，还要拱火儿："多等一分钟能把你怎么样？你以为你是谁？"像这样的语言蕴含着非常明显的敌意。良好的沟通总是有着一个正向的气场，而这种火药味十足的话语明显与高效社交的气场格格不入。

以上这五种错误的交流模式，其实都有着同样的潜台词："我是对的，你是错的。"但交流与沟通真正的模样，在很多情况下，是没有对错的，大家站在各自的角度，其实都有说得过去的理由。停止唯我独尊的思维，更开放地认识到"多样化思维"的客观存在与重要性，这才是正解。

五、非线性思维：跳出线性思维，应对复杂世界

（一）生活中都有哪些"线性思维"

为了省劲儿，我们的认知中往往会有一些思维的定式与倾向。比如，三点水加一个来去的"来"字，念"涞"，三点水加一个来去的"去"字呢？反正我在第一次碰见这个问题的时候，下意识的反应是这个字应该念"去"。但我想你其实已经知道了正确答案，这个字实际上应该是法律的"法"。

我们之所以会一厢情愿地误以为这个字念"去"，就是因为身处一种线性思维的影响之中。其中最典型的一种，叫作"启发式思维"，也就是人们头脑中最容易被启动的认知，往往也最容易被自己认为是真实成立的。假设有人问了你一个很无聊的问题："是以 t 开头的英文单词多，还是 t 排在第 3 位的单词多？"你可能会立刻在脑子里搜索一下 t 排在开头和第 3 位的单词。那由于 t 开头的单词更加容易想起或者说更易获得，你可能会这样想："总体来

说，我们越经常遇到的东西，以后就越有可能想起它。我更容易想到 t 开头的单词而不是 t 排在第 3 位的单词，可见我过去看到 t 开头的单词比较多，所以肯定是 t 开头的单词更多。"这一结论听上去合情合理，实际上却是大错特错——从实际情况中看，t 排在第 3 位的单词数量要远远多于它打头的单词。线性思维的本质，是一种直线的、单向的、单维度的思维方式，说直白点，它是一种比较强调"直给"的思维模式。

（二）如何更好地练习非线性思维

线性思维最大的问题，就是没有把问题放到系统的框架里去审视，缺乏一种对问题的俯视感。但非线性思维不是，它需要从系统的角度来做全盘化思考，结合长期、中期、短期、直接、间接的各种因素，并以此为基础来进行认知、判断和决策。

在我们的日常生活中，很多时候都着了线性思维的道儿：别人投资某个股票，你投钱跟着，结果亏了；别人都买某个流行的奢侈品，你攒钱跟着，结果没蹭到热度；别人开发具有某个特色的产品，你砸钱跟着，也要在自己的产品上硬加个类似的特色，结果发现特别不般配。这就要求我们越发注重非线性思维的培养。在锻炼非线性思维的过程中，我有两个忠告：

第一，强制性再思考。比如全文一开始那个"三点水加个'去'"的问题，为什么很多人会答错呢？说白了，就是没有强制自己在面对问题的时候进行再思考。当我们看到一件事情或者面对一个问题的时候，一定要注意，决定某个结果的因素，起码有两类：一类叫作导火索，也就是直接原因；还有一类叫作伏笔，也就是间接因素，以及中长期因素。在绝大多数情况下，导火索都是非常容易被定位和找到的，你可以说孩子不写作业是因为懒，家里没钱是因为老公没本事，老板不开心是因为你写的策划案不行——但是在非线性思维的帮助下，你才能定位真正的问题所在：错的不是导火索，错的是引燃导火索的火星子。孩子懒，是不是因为对学习缺乏目标感？老公没本事，是不是因为最近几年光顾着打拼忽略了个人的学习成长？策划案写得不行，是不是因为你犯了跟之前一样的错误，而老板早就提醒过你？强制性再思考，真正定位问题所在，是帮助你打开非线性思维的重要手段。

第二，他人的经验不一定就是你的经验。在朋友圈里，我们可能会见到很多经验分享的文章，比如如何让你的公众号"吸粉"，或者怎么打造抖音爆款一类的。但只要你留点心，你就会发现，这些介绍经验的文章里，往往介绍的都是一些非常具体的直接原因，而不太探讨那些真正核心的中期原因或者长期原因。他们教你怎么给文章起标题，但是他们不教你怎么培养文学素养；他们教你如何跟"粉丝"互动，但是他们不教你怎么打造一个属于自己的饱满人设。他人的经验，很多时候就仅仅属于他人，这些经验对他有用，往往还是因为带着他自身特点与资源的很大加持。要想把这些经验变成对你自己有用的形态，非得调用非线性思维的手段了：认识到更多的因素、更加宏观的影响机制，以及针对我们自身的状况，做好修正与匹配。

一定要记住：非线性思维并不是跳出逻辑胡思乱想，天马行空的思维并不叫非线性思维。非线性思维是看到了更多的可能性，它有点像跑酷——在纷乱复杂的环境里，能够找到更多达到目标的通路。很多人可能会反驳我：我觉得我的生活挺简单的、挺单纯的，我不需要什么非线性思维。但是请允许我说出我的真实想法：绝大多数情况下，你生活的环境复杂与否，以及会不会变得更加复杂，这事儿不听你的。但是提前做好思维的升级，不要再用线性思维的视角看待一切，这些练习是非常必要的。毕竟，你也不知道突然从哪天开始，你的生活变得没那么透明了，而只有选择更加复杂的思维模式，才能应对当下这个更加复杂的世界。

奇妙的万事万物

01
概率破玄机，统计解迷离 ①

◎ 严加安

中国科学院数学与系统科学研究院

概率论起源于中世纪的欧洲，那时盛行掷骰子赌博，提出了许多有趣的概率问题。当时法国的帕斯卡、费马和旅居巴黎的荷兰数学家惠更斯都对此类问题感兴趣，他们用组合数学研究了许多与掷骰子有关的概率计算问题。20 世纪 30 年代柯尔莫哥洛夫提出概率公理化，随后概率论迅速发展成为数学领域里一个独立分支。

随机现象背后是隐藏着某些规律的，概率论的一项基本任务就是揭示这些规律。现在概率论已经发展成为数学领域里一个相对充满活力的学科，并且在工程、国防、生物、经济和金融等领域得到了广泛的应用。

统计学是一门具有方法论性质的应用性科学，它在概率论基础上，发展出一系列的原理和方法，研究如何采集和整理反映事物总体信息的数字资料，并依据这些复杂的数据（又称为样本）对总体的特征和现象背后隐藏的规律进行分析和推断。

法国数学家拉普拉斯有句名言："生活中最重要的问题，绝大部分其实只是概率问题。"当代国际著名的统计学家 C. R. 劳说过："如果世界上的事件完全不可预测地随机发生，则我们的生活是无法忍受的。而与此相反，

---

① 注：本文节选于作者刊登在《中国数学会通讯》2012 年第 4 期的同名文章。

如果每一件事都是确定的、完全可以预测的，则我们的生活将是无趣的。"

我长期从事概率论和随机分析研究，对概率论和数理统计学科的本质有些领悟，曾写过下面这首"悟道诗"："随机非随意，概率破玄机；无序隐有序，统计解迷离。"本文试图通过若干日常生活中的一些例子来向大家展示概率是如何破玄机和统计是如何解迷离的。

一、什么是随机和随意

在社会和自然界中，我们经常遇到一些事件，因为有很多不确定的偶然因素很难判断它会发生或不发生，这样的事件就是所谓的随机事件或偶然事件。概率则是对随机事件发生的可能性大小的一个度量。必然要发生的事件的概率规定为 1，不可能发生的事件的概率规定为 0，其他随机事件发生的概率介乎 0 与 1 之间。例如，抛一枚匀质的硬币，出现正面或反面的概率均为 1/2；掷一个匀质的骰子，每个面出现朝上的概率均为 1/6。在这两个例子中，每个简单事件（或"场景"）都是等可能发生的。一个复合事件（如掷骰子出现的点数是偶数）发生的概率就等于使得该复合事件发生的场景数目与可能场景总数之比。

什么是随意？随意就是带有主观意识的一种随机。比方说，我们知道掷一枚匀质硬币出现正面或反面的概率都是 1/2。如果让某人臆想一个相继掷 50 次硬币的可能结果，并用 1 和 0 分别表示出现正面和反面，在一张纸上写下来，由于他考虑到接连多次出现正面或反面的可能性较小，在他写 1 和 0 时，可能有意识避免连写三个或四个以上的 1 或 0，这样产生的 01 序列就是"随意的"，它看似随机，但与真实做一次掷 50 次硬币记录下的结果在统计特性上是有区别的。

随机现象背后是隐藏某些规律的，概率论的一项基本任务就是揭示这些规律。

二、靠直觉做判断常常会出错

下面是一个靠直觉做判断容易出错的例子。某人的新邻居是一对海归夫妇，只知道这对夫妇有两个非双胞胎孩子。某天，看到爸爸领着一个男孩出门了，问这对夫妇的另一个孩子也是男孩的概率是多大？许多人可能给出的答案是1/2，因为生男生女的概率都是1/2。但实际上正确答案应该是1/3，因为在已知该家至少有一个男孩的前提下，他家两个小孩可能的场景是三个（按孩子出生先后次序）："男男""男女""女男"。只有"男男"才符合"另一孩子也是男孩"这一场景。如果突然从这家传出婴儿的啼哭声，"另一孩子也是男孩"的概率就变成1/2了，因为这时可以断定出了门的那个男孩是老大，可能的场景就变成两个了（按出生先后次序）：男男，男女。

从这两个简单初等概率问题可以悟出一个道理：靠直觉做判断常常会出错。计算一个随机事件发生的概率，重要的是要对此事件得以发生的所有可能场景有正确的判断。

三、"生日悖论"

N个人中至少有2人生日相同的概率是多少？这是有名的"生日问题"。令人难以置信的是：随机选取的23人中至少2人生日相同的概率居然超过

50％，50 人中至少 2 人生日相同的概率居然达到 97％！例如，假定一个中学有二十个班，每个班平均有 50 个学生，你可以调查一下，大概会有十几个班都有至少 2 个相同的生日的学生。这和人们的直觉是抵触的。因此这一结果被称为"生日悖论"。

其实有关概率的计算很简单，首先计算 50 个人生日都不相同的概率。第一个人的生日有 365 个可能性，第二个人如果生日与第一个人不同，他的生日有 364 个可能性，依次类推，直到第 50 个人的生日有 316 个可能性，所以 50 人生日都不同的可能组合方式就是 365 乘 364 乘 363 一直乘到 316。但由于每个人的生日是独立的，总的可能组合 365 的 50 次方，这样一来，50 个人生日都不相同的概率就等于两个组合数之比，这个概率非常小，只有 3％，至少 2 个人生日相同的概率等于 1 减去 3％，得到 97％，这样概率就计算出来了。

注意：如果预先选定一个生日，随机选取 125 人、250 人、500 人、1 000 人，出现某人生日正好是选定生日的概率分别大约只有 30％、50％、75％、94％，比想象的小得多。

四、"三枚银币"骗局

某人在街头设一赌局。他向观众出示了放在帽子里的三枚银币（记为甲、乙、丙），银币甲的两面涂了黑色，银币丙的两面涂了红色，银币乙一面涂了黑色，另一面涂了红色。游戏规则是：他让一个观众从帽子里任意取出一枚银币放到桌面上（这里不用"投掷银币"是为了避免暴露银币两面的颜色），然后由设局人猜银币另一面的颜色，如果猜中了，该参与者付给他 1 元钱，如果猜错了，他付给该参与者 1 元钱。试问：这一赌局是公平的吗？从直觉上看，无论取出的银币所展示的一面是黑色或红色，另一面是红色或黑色的概率都是 1/2，这一赌局似乎是公平的。但实际上不公平，设局者只要每次"猜"背面和正面是同一颜色，他的胜算概率是 2/3，因为从这三张牌随机选取一枚银币，其两面涂相同颜色的概率就是 2/3。如果有许多人参与赌局，大概有 1/3 的人会赢钱，2/3 的人会输钱。

下面进一步用"场景分析"来戳穿"三枚银币"骗局。假定参与者取出并放到桌面上的银币展示面是黑色，则这枚银币只可能是银币甲或乙。"银币展示面是黑色"这一随机事件有三种可能场景：银币甲的"某一面"和"另一面"，或银币乙的"涂黑一面"。因此，这枚银币是银币甲的概率是 2/3。展示面是红色的情形完全类似。因此，每次"猜"另一面和展示面是同一颜色的胜算概率是 2/3。

下面这个例子是从"三枚银币"骗局衍生出来的。假设在你面前放置三个盒子，盒子里分别放了金币两枚、银币两枚、金银币各一枚。你随机选取一个盒子并从中摸出一枚钱币，发现是一枚金币。试问：该盒子装有两枚金币的概率有多大？请你给出答案。

五、在猜奖游戏中改猜是否增大中奖概率？

这一问题出自美国的一个电视游戏节目，问题的名字来自该节目的主持人蒙提·霍尔，20 世纪 90 年代曾在美国引起广泛而热烈的讨论。假定在台上有 3 扇关闭的门，其中 1 扇门后面有一辆汽车，另外 2 扇门后面各有一只山羊。主持人是知道哪扇门后面有汽车的。当竞猜者选定了 1 扇门但尚未开启它的时候，节目主持人去开启剩下 2 扇门中的 1 扇，露出的是山羊。主持人会问参赛者要不要改猜另 1 扇未开启的门。问题是：改猜另 1 扇未开启的门是否比不改猜赢得汽车的概率要大？正确的答案是：改猜能增大赢得汽车的概率，从原来的 1/3 增大为 2/3。这是因为竞猜者选定的 1 扇门后面有汽车的概率是 1/3，在未选定的两 2 门后面有汽车的概率是 2/3，主持人开启其中 1 扇门把这扇门后面有汽车给排除了，所以另 1 扇未开启的门后面有汽车的概率是 2/3。

也许有人对此答案提出疑问，认为在剩下未开启的 2 扇门后有汽车的概率都是 1/2，因此不需要改猜。为消除这一疑问，不妨假定有 10 扇门的情形，其中 1 扇门后面有一辆汽车，另外 9 扇门后面各有一只山羊。当竞猜者猜了 1 扇门但尚未开启时，主持人去开启剩下 9 扇门中的 8 扇，露出的全是山羊。显然：原先猜的那扇门后面有一辆汽车的概率只是 1/10，这时改猜另 1 扇未开启的门赢得汽车的概率是 9/10。

六、"竞赛规则"藏玄机

假定有甲、乙两个乒乓球运动员参加比赛，已知甲的实力强于乙。现有两个备选的竞赛规则："3 局 2 胜制"或"5 局 3 胜制"。试问：哪一种竞赛规则对甲有利？

在"3 局 2 胜制"规则下，只有"甲甲""甲乙甲"和"乙甲甲"这 3 种场景导致甲最终获胜。因此，设在单局中甲胜的概率为 p，则甲最终获胜的概率为这 3 种场景的概率之和，等于 $f(p) = [1 + 2(1-p)]p^2$。同理，在"5 局 3 胜制"规则下，进行 3 局甲获胜只有"甲甲甲"这 1 种场景；

进行 4 局甲获胜有"甲乙甲甲""乙甲甲甲""甲甲乙甲"3 种场景；进行 5 局甲获胜有 6 种可能场景（具体描述留给读者）。因此甲最终获胜的概率为这十种场景的概率之和，等于

$$g(p) = [1 + 3(1-p) + 6(1-p)^2]p^3$$

当 $p > 1/2$ 时，容易证明 $g(p) > f(p)$。因此，"5 局 3 胜制"规则对甲有利。

七、计算条件概率的贝叶斯公式

设 A，B 是两个事件，如果已知 A 和 B 各自发生的概率为 $P(A)$ 和 $P(B)$，它们同时发生的概率为 $P(AB)$，则事件 A 发生的条件下事件 B 发生的概率（称事件 B 关于事件 A 的条件概率，记为 $P(A|B)$）显然为 $P(B|A) = P(AB)/P(A)$。问题：如果已知 $P(A)$，$P(B)$ 和 $P(B|A)$，如何求事件 A 关于事件 B 的条件概率 $P(A|B)$？由于 A 和 B 同时发生的概率为 $P(AB) = P(B|A)P(A)$，所以有 $P(A|B) = P(B|A)P(A)/P(B)$。这就是 18 世纪中叶英国学者贝叶斯（Bayes）提出的"由结果推测原因"的概率公式，即著名的"贝叶斯公式"。

下面考虑多个场景情形。设 $(A_j, j = 1, \cdots, n)$ 是 n 个事件，假定其中之一会发生，但其中任意两个事件不会同时发生，已知这些事件发生的概率分别为 $P(A_1), \cdots, P(A_n)$，这里每个事件代表导致某个事件 B 发生的可能场景。已知条件概率 $P(B|A_1), \cdots, P(B|A_n)$，试问：在已知事件 B 发生的条件下，事件 A_j 发生的概率是多大？由贝叶斯公式，我们有

$P(A_j|B) = P(B|A_j)P(A_j)/P(B)$，其中$P(B)$由所谓的全概率公式给出：

$$P(B) = \sum_{j=1}^{n} P(B|A_j)P(A_j)$$

合并这两个公式，我们得到"贝叶斯公式"的最一般形式。

下面举一个简单的例子。假定有甲、乙两个容器，容器甲里有 7 个红球和 3 个白球，容器乙里有 1 个红球和 9 个白球，随机从这两个容器中抽出一个球，发现是红球，问这个红球是来自容器甲的概率是多大？

设"球是从容器甲抽出"为事件A，"抽出的球是红球"为事件B，则有：

$$P(A) = 1/2,\ P(B|A) = 7/10,$$

$$P(B) = 1/2 \times 1/10 + 1/2 \times 7/10 = 2/5.$$

按照贝叶斯公式，抽出的红球是来自容器甲的概率是

$$P(A|B) = \frac{7/10 \times 1/2}{2/5} = 7/8.$$

下面我们还将继续给出应用贝叶斯公式计算概率的两个典型例子。

八、如何评估疾病诊断的确诊率

假想有一种通过检验胃液来诊断胃癌的方法，胃癌患者检验结果为阳性的概率为 99.9%，非胃癌患者检验结果为阳性（"假阳性"）的概率为 0.1%。问题是：

1. 检验结果为阳性者确实患胃癌患的概率（即确诊率）是多大？

2. 如果"假阳性"的概率降为 0.01%，0.001%和 0，确诊率分别上升多少？

3. 用重复检验方法能提高确诊率吗？

我们用"＋"表示"检验结果为阳性"，用 H 表示被检者为"胃癌患者"，则由贝叶斯公式，确诊率为 $P(H|+) = P(+|H)P(H)/P(+)$。从这一公式看出，我们要预先知道被检者所在地区胃癌患病率 $P(H)$。假定该地区胃癌患病率为 0.01％。问题 1 的答案是：确诊率为 1/11；问题 2 的答案是：如果"假阳性"的概率降为 0.01％，0.001％和 0，确诊率分别上升为 50％，90.9％和 100％；问题 3 的答案是：有一定的提高，但大幅度提高的可能性很小。原因是"假阳性"主要是检验技术本身问题造成的，重复检验的结果相关性很大，不能按独立事件对待。

九、如何设计对敏感性问题的社会调查

设想要对研究生论文抄袭现象进行社会调查。如果直接就此问题进行问卷调查，就是说要你直说你是否抄袭，即使这样的调查是无记名的，也会使被调查者感到尴尬。设计如下方案可使被调查者愿意做出真实的回答：在一个箱子里放进 1 个红球和 1 个白球。被调查者在摸到球后记住颜色并立刻将球放回，然后根据球的颜色是红是白分别回答如下问题：你的生日是否在 7 月 1 日以前？你写论文时是否有过抄袭行为？回答时只要在一张预备好的白纸上打√或打 ×，分别表示是或否。假定被调查者有150 人，统计出有 60 个√。问题：有抄袭行为的比率大概是多少？已知：$P(红)=0.5$，$P(\checkmark|红)=0.5$，$P(\checkmark)=0.4$，求条件概率 $P(\checkmark|白)$，用贝叶斯公式算出的答案是 30％。这一例子是对"无序隐有序，统计解迷离"的一个很好解读。

十、如何理解社会和大自然中出现的奇迹

对单个彩民和单次抽奖来说，中乐透头奖的概率大概是 2 250 万分之一。到 2008 年，在"纽约乐透"史上发生过三次有一人中过两次头奖的事件。例如，2007 年 8 月 30 日美国纽约的安杰洛夫妇喜中"纽约乐透"头奖，获得 500 万美元奖金。他们 1996 年与另外 3 人共分了 1 000 万美元头奖。这堪称一个奇迹。"纽约乐透"每周三、周六晚间各开奖一次，每年开奖 104 次，40 年间大约有 4 100 次开奖。假定以前中过"纽约乐透"头奖的人还经常买"纽约乐透"彩票，而且每次下的注数都比较大，那么在 40 年间他们之中有 3 人两次中头奖的概率就不是非常小了。

在河北省著名旅游景点野三坡的蚂蚁岭左侧，断崖边缘有一块直径 10 米、高 4 米的"风动石"，此石着地面积不足覆盖面积的 1/20，尤其基部接触处只有两个支点。这也算是一个奇迹。

从概率论观点看，上述两个奇迹的发生并不奇怪，因为即使是极小概率事件，如果重复很多次，也会有很大概率发生。假设一事件发生概率为 p，重复 n 次还不发生的概率为 $(1-p)^n$，当 n 足够大，这一概率就很小，从而该事件发生的概率为 $1-(1-p)^n$ 就变得很大了。大自然中的奇迹是地壳在亿万年的变迁中偶然发生的，但这种奇迹在历史的长河中最终出现是一种必然现象。

十一、辛普森悖论

分组对比中占优总体上一定占优吗？答案是：不一定。表 1 是一个例

子。假定有两种药（A 和 B），要通过分组临床试验对比其疗效。以下是试验结果的统计表：从甲乙两组试验结果看，药物 A 的疗效都优于药物 B，但总体来看，药物 B 的疗效反而优于药物 A。

表1 A、B 两者药疗效对比

组别	病人数（用药 A）	治愈数（比例）	病人数（用药 B）	治愈数（比例）
甲	50	20（40%）	30	10（33%）
乙	40	30（75%）	70	50（71%）
总计	90	50（56%）	100	60（60%）

早在 20 世纪初，当人们为探究两种因数是否具有某种相关性而进行分组研究时就发现了这种现象：在分组比较中都占优势的一方，在总评中反而失势。直到 1951 年英国统计学家辛普森在他发表的论文中才正式对这一现象给予理论解释。后人就把这一现象称为"辛普森悖论"。

十二、"统计平均"的陷阱（例1）

下面这个例子在现实生活中更加典型，它是"辛普森悖论"的一种表现形式。假定有一公司现有员工 100 人，另有一研究所有职工 150 人。在一次普查体检中，发现该公司有糖尿病患者 16 人，该研究所有糖尿病患者 36 人。从糖尿病患者的患病率来看，研究所的情况比公司严重，其患病率分别是 24% 和 16%。但实际情况恰恰相反，这怎么可能呢？

现在我们换一种统计方式来考察结果，分成年轻人（24~45 岁）和中、老年人（46~65 岁）两个组来计算患病率。该公司有 90 名年轻人，其中患糖尿病 12 人（患病率 13.3%），有中、老年人 10 人，其中患糖尿病 4 人（患病率 40%）；该研究所有 50 位年轻人，患糖尿病 4 人（患病率 8%），有中、老年人 100 人，其中患糖尿病 32 人（患病率 32%）。后一种统计方式的结果表明，公司的人，无论是年轻人还是中、老年人，患糖尿病的比例都显著高于研究所的相应人群，这可能和他们经常加班和中午吃盒饭有关。这一分组统计结果比总体统计结果更有说服力。

十三、"统计平均"的陷阱（例 2）

下面的例子再次表明分组平均往往比总体平均更有说服力。假定某大学数学系有教授 15 人、副教授 40 人、讲师和助教 25 人，这三类人的平均年收入分别是 15 万、12 万、8 万元，该数学系职工平均年收入为 10 万元。又假定科学院某研究所有研究员 60 人、副研究员 30 人、助研 30 人，这三类人的平均年收入分别是 14 万、11 万、7 万元，但该研究所职工平均年收入为 11.5 万元，高出那个大学数学系职工平均年收入 1.5 万元。这一例子表明：由于各单位人员构成比例不同，单位职工平均年收入这一指标不能真实反映单位职工的收入状况。

这一例子给了我们一个启示：有些新闻报道中的统计平均数字没有实际意义。例如，2010 年 2 月国家统计局公布称，2009 年我国 70 个大中城市房价同比上涨 1.5%，这与大城市居民的实际感受完全背离，被网友戏称为"房价被拉低"。事实上，"70 个大中城市房价的平均涨幅或跌幅"在统计学上没有实际意义。接受这次教训，国家统计局于 2011 年 2 月 16 日正式宣布，今后将不再发布全国 70 个城市房价涨幅平均数，理由是"平均数在个体差异较大的情况下，往往会削峰填谷，抹平个体间的差异"。这是一个明智的决定。

十四、"抽样调查"的陷阱

在做抽样调查时，如果数据的采集缺乏代表性，可能导致错误的结论，下面是一个著名的例子。在1936年美国大选中，罗斯福总统以62.5%的得票率获胜连任，击败了共和党候选人兰登。在选举前，1935年才由美国统计学家盖洛普创立的美国民意研究所，只用了5万多份调查问卷，便成功预测了罗斯福会赢得大选（尽管后来实际得票率比预测高了约7%）。与此形成鲜明对照的是，老牌的著名杂志《文学文摘》依据高达约240万份的问卷调查结果，却预测兰登将以57%对43%的绝对优势大胜罗斯福。选举后不久，《文学文摘》由于这一重大丑闻就倒闭了。

《文学文摘》的预测为什么会失败？问题就出在抽样调查样本的代表性有严重偏差。首先，该杂志寄出了大约1 000万份问卷，选择的对象主要来自杂志的订户和一些俱乐部的会员，这些人大都相对比较富裕。当时美国刚从经济大萧条中恢复，富人比较倾向支持兰登，而穷人较多倾向支持罗斯福。另外，问卷的回收率太低，只有24%，这进一步降低了样本的代表性，因为收入较低者回答问卷的比例通常要比收入较高者低。

该例子说明，在做统计调查时，要精心设计好方案。例如，采用分层抽样，并随机选择调查对象，这样才能使抽样调查的样本具有代表性。

02
厨房里的植物学家

◎ 史 军
中国植物学会科普工作委员会

厨房，一个普通得再也不能普通的地方，会有科学家在这里工作吗？吃西瓜不吐籽儿，让西瓜从非洲走向世界；不吃青菜的小朋友，其实是害怕植物防身武器；臭豆腐是中国人与植物斗智斗勇的结果。厨房里不仅仅有锅碗瓢盆，还有很多想不到科学，人类与世界的联系就在这个小小的房间之中。让我们一起成为厨房里的植物学家，去探究科学，追寻世界的奥秘。

一、苦味是个危险的信号

一说到苦味，大家能联想到什么食物？我想答案多半就是苦瓜了。说来也奇怪，我对苦瓜的印象是从甜开始的。在我国北方的广大地区，苦瓜最初只是作为观赏植物来栽培的。爬满棚架的藤蔓可以送来绿荫，成熟的橙色果实还能为窗口或者小院增添几分情趣。但是，像我们这样的馋嘴孩子，关心的是那个橙色果实好不好吃。趁父母不注意，偷偷摘两个成熟的苦瓜，掰开果皮，露出裹着红色外衣（假种皮）的种子，兴致勃勃地把这些包裹物一点一点地吮下来，至于味道嘛，除了甜味还有淡淡的青草味。

那时，我只知道苦瓜的小名——癞葡萄。

后来，去云南旅行，这才发现，青涩的苦瓜原来可以当蔬菜！其实，这种葫芦科的植物在很久之前就被亚洲热带地区的居民当作蔬菜了。不过，挑剔的国人直到明末才接触到这种特别蔬菜，在《救荒本草》中有了最早的关于苦瓜的记载。相对于其他葫芦科蔬菜，苦瓜苦苦的果皮就显得很另类，且不说那些水嫩的冬瓜、甜蜜的南瓜，就算是啃剩下的西瓜皮也可以在腌制之后，凑一道清爽小菜。但是，苦瓜的苦味让很多人至今无法接受。

为什么绝大多数人都不喜欢苦味？其实道理很简单，因为苦味代表有毒。很多本来是甜甜的蔬菜，也有可能变成苦味的个体，比如说苦味的瓠子（一种食用葫芦）。

苦瓠子并不是混进瓠子堆的其他物种，而是出现问题的瓠子。其实，在自然状态下，苦的瓠子才是正常的存在，那是为了防止动物去偷嘴。

对瓠子这个物种而言，出现在人类餐桌上的甜瓠子才是畸形个体呢。在栽种的过程中因为变异，重新带上了苦味。

这些苦味来自其中的葫芦素，葫芦素在植物中的分布范围很广，分离出的葫芦素有 14 种，我们通常碰到的苦味儿的黄瓜、苦味儿的甜瓜都是由于其中有葫芦素。如果仅仅是浅尝辄止，倒也不会给我们带来什么问题，但是稍稍过量，就会带来恶心、呕吐等胃肠道反应，并出现头晕等症状。大量食用还会引发呼吸系统和循环系统衰竭，导致死亡。所以，碰上苦味儿的瓠子就不要硬来了。

对于我们的舌头而言，苦味一直都不是友善的味道，这通常意味着有毒或者强刺激性等对机体有危害的物质。在长期的进化过程中，我们对这种味道的判别能力也比对酸、甜、咸这些味道要强得多，一般人对甜味的分辨率是 0.5%，对苦味的分辨率却是 0.001 6%，有些超级味觉者甚至可以辨别出一杯水中以分子计数的苦味物质。虽然我们经常把"良药苦口"这句话挂在嘴边，但真要碰到反常的苦味食物，还是躲远点儿为妙。

二、酸味是维生素 C 的味道吗

相对于讨厌的苦味，酸味在餐桌上的接受度就要高很多了，并且这种味道与特殊的营养物质——维生素 C 捆绑在了一起。这是因为，大家一说补充维生素 C，脑子里就盘旋着各种橙子，仿佛这些水果就是维生素 C 的宝库。

但是，如果仔细看一下橙子的维生素含量就会大失所望，每 100 克橙子的维生素 C 只有区区 40 毫克，连大白菜和西兰花（43 毫克 /100 克和 56 毫克 /100 克）都比不过，更不用说跟辣椒（144 毫克 /100 克）比了。虽然柠檬中的维生素 C 要比橙子稍多一些，但是也远远没有达到辣椒的等级。

那么为什么橙子和柠檬成了维生素 C 的代表？究其原因，可能是因为 18 世纪英国海军为海员治疗坏血病的时候，首先尝试了柠檬汁（同时还有苹果醋、稀硫酸和海水），后来证明柠檬汁有效，于是这个柠檬汁几乎就成了维生素 C 的代表。话说回来，当年，很多在西印度群岛服役的英国海军官兵吃的并不是柠檬，而是来檬，虽然名字只有一字之差，但是来檬的祖辈可是香橼、柚子、宽皮橘和箭叶橙，跟柠檬只能算远房亲戚罢了。如今，来檬以"青柠檬"的身份重新登场，大有跟柠檬分庭抗礼之势。

回过头来说，我们为什么把维生素 C 看得这么重？那是因为它对我们人体的活动非常重要。胶原蛋白是我们身体的重要组成物质，像血管、皮肤都是由这些蛋白质组成的。不过组成这些蛋白质的氨基酸不会像植物纤维那样自己抱团，它们更像是一块块钢板，需要靠铆钉连接起来。维生素

C 就是这样的铆钉。人之所以会患坏血病，就是因为维生素 C "铆钉"太少了，引发胶原蛋白崩塌，并破坏了血管的结构。除此之外，维生素 C 还承担着一些抗氧化的功能。

但是，遗憾的是，同大多数动物不同，我们人类没有合成维生素 C 的能力（同样悲剧的还有高级灵长类、天竺鼠、白喉红臀鹎与食果性蝙蝠），所以必须依赖食物中的维生素 C，特别是植物中的维生素 C 。为什么植物会富含维生素 C 呢？传统的观点认为，维生素 C 可以帮助植物对抗干旱、强烈的紫外线等严酷的环境，基本上被认为是个植物体内的"救火队员"。不过 2007 年英国埃克塞特大学的一项研究表明，维生素 C 对植物的发育具有更重要的作用，这种物质会消灭光合作用的有害产物。那些维生素 C 合成出问题的植物，竟然不能正常发育了！至于维生素 C 在植物中的作用还在逐步被解密。

我们一说补充维生素 C，通常想到的就是水果和蔬菜，实际上，吃肉一样能补充维生素 C。只是，我们在烹饪肉类的时候会持续高温加热，其中的维生素 C 几乎都被破坏了。如果能享受生肉的口感滋味，又没有寄生虫威胁的话，我们完全可以从肉类中获得足够的维生素 C，每 100 克生牛肝和生牡蛎中的维生素 C 含量可以达到 30 毫克以上。其实，家住北极圈内的因纽特人就是这么干的。

三、可乐里面的"玉米糖"

在可乐罐的成分表里面，我们会看到一个特殊的名字"果葡糖浆"，但这东西跟果子和葡萄都没啥直接关系，它们是用玉米做出来的。

通常我们一说到糖，首先想到的就是蔗糖。实际上，世界上有类似结构的物质非常多，除了葡萄糖的兄弟果糖，还包括麦芽糖，以及馒头米饭中的淀粉。再说远一点，我们身上的棉花纤维也可以算是糖大家族的成员。既然这些物质是由葡萄糖组成的，把它们分解开来，自然能品到甜味了。化学家也是这么想的，于是开始琢磨怎么让大家尝到甜味。

在酸和高压设备的作用下，庞大的淀粉分子被拆分成了小块。但是，问题来了，切成小块的葡萄糖并没有蔗糖甜啊（喝过葡萄糖冲剂的人都会有这样的感觉）。实际上，淀粉的酸解很早就被科学家发现了，但是一直都没有得到广泛应用，究其原因还是因为产物不够甜。就在果葡糖浆将被历史掩埋的当口，发生了两件事，彻底逆转了形势。第一件事是，从 20 世纪 70 年代开始，美国人对蔗糖征收重税了。美国本土的蔗糖售价飞涨，价格可以达到原产地的 2~3 倍。作为普通消费者，可能感受不到这种价格的变化。但是，对于可口可乐这样的用糖大户，就不一样了。消费者可不管糖贵不贵，只关心喝到的可乐还要一样甜。第二件事是，借助先进的种植手段，美国玉米的产量越来越高，而价格则跌入了低谷，想贱卖都找不到出路。还有一件事是，科学家们找到了把葡萄糖转变成果糖的方法。当这些事情凑在一起的时候，果葡糖浆就可以成功逆袭了，大量的玉米淀粉变身成为甜蜜元素。

就甜度而言，果糖最高，蔗糖次之，葡萄糖最低。而果葡糖浆就是用最甜的和最不甜的来兑出适中的结果，跟我们调出温度适中的洗澡水是一个道理。如果我们稍加注意，果葡糖浆有一些标号，比如"42""55""90"，这些标号就是糖浆中果糖的含量了。比如，55 号糖浆中，55% 是果糖，45% 是葡萄糖。同时，55 号糖浆也是跟蜂蜜配比和甜度最近似的糖浆，于是有不法商家会以此来冒充蜂蜜。可口可乐从 1980 年开始使用果葡糖浆，虽然在推广的初期，果葡糖浆受到了种种抵制，但是它的优势慢慢地显现出来。而且它的优势不仅仅是价格低廉。由于特殊的配比，在低于 40℃时，温度越低，我们能感受的甜度就越高。这种特性对于汽水来说，简直是梦寐以求——谁不希望冰镇可乐更清甜一些呢？

四、辣椒妈妈有办法

通常来说，植物的甜蜜都不是凭空来的。有一篇经典的课文叫《植物妈妈有办法》，那里面的植物妈妈各显神通，苍耳妈妈给孩子准备了带刺的铠甲，可以挂在动物的皮毛上去远方旅行；蒲公英妈妈给孩子准备了降落伞，只要有轻轻的微风，孩子就可以远走天涯。其实，植物妈妈的智慧远不止于此，今天，我们就来看看我们身边的西瓜妈妈和辣椒妈妈，看看这些妈妈让人意想不到的智慧。

要说西瓜妈妈真的了不起，它们的老家其实在非洲的卡拉哈里沙漠，如今，西瓜可是遍布全世界，这全靠西瓜妈妈的智慧。故事从哪开始说呢？西瓜是个大朋友和小朋友都喜欢的水果，在炎热的夏天，来上一块红红的、沙沙的、甜甜的冰镇大西瓜，那是多么美好的事情啊。当然了，人类的祖先们也是这么想的。所以，一旦碰到成熟的西瓜，怎么可能放过这种宝贵的食物？甚至连皮吃掉都说不定。他们会仔细地把种子挑出来？别逗了。旁边还可能有狼和豹子看着呢，吃完赶紧一溜烟跑走才是正道。好了，吃饱了，当然要上厕所啊。但是，那个时候，原始人连房子都是简陋的石洞窝棚，哪有厕所啊？所以，只要是肚子疼想上厕所的地方就成了最方便的厕所。那些被吃下的西瓜种子就随着便便掉落到地面上，开始自己的生命旅程，发芽，生长，开花，结果，等待下一个人来吃大西瓜了。然而，聪明的西瓜妈妈还是碰上了一个强劲的对手——冲水马桶。你想啊，那些被我们吃下去又排出来的西瓜种子去哪了，都被冲水马桶哗啦一下冲到下水道里去了。

辣椒妈妈有更绝的办法，辣椒的辣是很多小朋友都害怕的味道。但是有些动物却喜欢吃辣椒，就像糖果，在它们嘴巴里，辣椒是甜的。没错，辣椒在鸟儿的嘴巴里就是甜味儿的。这不是因为鸟儿没有舌头，也不是因为鸟儿喜欢舌头疼，而是对它们来说，辣椒真的是甜的。

辣椒的辣味儿来自辣椒素，这是一种特别的成分，会骗人。只要我们接触到辣椒素就以为自己碰到了很热很热的东西。不妨想一下，吃辣椒时的辣的感觉，是不是跟不小心被开水烫了一样。还有，我们吃辣椒的时候会满头大汗，那也是辣椒素搞的花招。明明是冰天雪地，吃下去一个小米辣也能让你汗流浃背，那就是因为辣椒素可以让我们的身体开启降温模式。

辣椒妈妈做这些事情就是为了保护自己的孩子。你想想，要是辣椒种子都被贪嘴的人和食草动物嚼碎了，那如何是好呢？但是辣椒妈妈会心甘情愿地把果子给鸟吃，因为鸟儿并没有牙齿，不会伤到辣椒种子。相反，被吞下的辣椒种子搭上鸟儿的航空快递，去到很远很远的地方，随着鸟儿的便便掉到地面上开始新的生命历程。

辣椒这个妙招一直都很有用，直到碰见了人，人类居然喜欢上了那种让舌头冒火的感觉，根本不在乎辣椒素。辣椒妈妈真是犯了难。还好，人类也没有白吃辣椒，本来在南美洲生活的辣椒，被人类带到了世界各地，几乎所有人类生活的地方都有了辣椒。你说，这是不是辣椒妈妈们的智慧呢？植物妈妈们都在为传播种子操碎了心，它们的智慧就在我们身边，下次再吃西瓜和辣椒的时候，不妨细细体会一下吧。

五、为什么没有咸味的水果

不存在咸味的水果，原因很简单，因为对植物来说钠不是生命活动所需的元素。我们感受到的食盐的咸味儿是氯化钠的味道，准确地说应该是钠离子和氯离子配合形成的味道。但是植物身体中恰恰缺少钠这种元素，所以我们在水果中很少会碰到咸味儿的。从严格意义上来说，世界上也没有咸味的蔬菜。但是有些朋友可能会说，我吃的冰草就是咸味的。对，这种现象确实很特别。

冰草的大名是冰叶日中花，它们的原产地都是盐碱环境，这迫使这些植物要做出一些应对措施。对植物来说，盐多了可不是好事儿。举个最简单的例子，我们凉拌青笋丝的时候，把盐撒在切得很细的莴笋丝上，很快就会发现莴笋丝里面的水被"吸"了出来，这就是水的特性，喜欢往浓度高的溶液里面跑。这也是腌咸菜的时候，芥菜疙瘩和大萝卜会缩成一小团的原因。

我们可以想象一下，像冰叶日中花这样生活在盐碱地中的植物，就像被放在咸菜缸里面，如果不想被盐碱地抽干水分，又需要从盐碱地里获取水分和矿物质营养，那就只能提高自身盐分的浓度了。但是问题来了，植物体内的盐分浓度不是想高就能高起来的。如果无限制地增加体内的盐浓度，正常的生命运转就会受到影响，这是植物不愿意看到的事情。还有一个做法就是在体内多存水。从盐碱地里获取一点水分都是不容易的事情，所以冰草会尽可能地收集和储藏水分。叶片上那些闪亮的泡状细胞就是为存水而存在的。一个个小水泡聚拢在一起，通过反射和折射光线就让我们有了冰的感觉。

在咬开冰草上面那些小泡泡的时候，我们能感觉到咸味的水流出来，那是冰草在分泌出多余盐分的效果。这样可以避免体内盐分过高而受伤，这也是植物保护自身的一种方法。

厨房是一个充满植物故事的地方，这里的酸甜苦辣恰恰是植物生存的智慧。每片叶子、每粒种子背后都藏着大自然想为我们讲述的故事，只要你愿意倾听，总能感受到不一样的美好。好了，不用多说什么了，赶快用舌尖体验美好的厨房植物之旅吧。

03
食虫植物大咖秀

◎ 高　源
北京自然博物馆

　　最近食虫植物们在进行大咖评选活动，谁也不服谁，吵得不可开交！这不，它们请我来为它们代言，想请人类朋友们来做个评委，评一评它们谁更厉害。接下来就让我为大家介绍一下食虫植物吧！

一、什么是食虫植物

　　说到食虫植物，大家可能马上就会想到"植物大战僵尸"中的食人花。其实食虫植物不会吃人，但它们会捕获并消化小昆虫从而获得营养。其实食虫植物也不仅仅捕食小昆虫，有科学家发现有的食虫植物偶尔还会捕捉青蛙、蜘蛛，甚至小老鼠等。那么到底什么是食虫植物呢？食虫植物是一种会捕获并消化动物而获得营养（非能量）的自养型植物。食虫植物的大部分猎物为昆虫和节肢动物。

　　食虫植物为什么要捕食昆虫和其他动物呢？因为它们生长于土壤贫瘠特别是缺少氮素的地区，例如酸性的沼泽和石漠化地区。食虫植物为了更好地生存，需要补充氮元素。在先天环境不足的情况下，它们努力适应，让自己的器官变得能够捕捉猎物，从而成就了演化的传奇。

二、食虫植物与捕虫植物的区别

自然界中除了食虫植物，还有一类是捕虫植物。它们有什么区别呢？其实很简单，捕虫植物只是捕捉猎物但不会消化吸收，而食虫植物不仅会捕捉猎物，还会把猎物消化掉，这就是它们的主要区别。

例如，南非地区有一种捕虫树，属木本灌木，高可达 2 米。它的外形和食虫植物中的茅膏菜有些类似，叶片上长有能分泌黏液的腺毛，但黏力是茅膏菜的许多倍，即使叶片枯萎仍具有黏力，所以它能捕获更大型的昆虫。但是它只能粘住，自己不能消化，需要靠一种昆虫的帮忙才能完成消化，这种昆虫叫作盲蝽。盲蝽本身能分泌一种蜡质的物质，使自己不会被黏液粘住。盲蝽专吃捕虫树粘住的虫子，而它的排泄物则成为捕虫树的食物，为捕虫树提供营养。

三、食虫植物的研究简史

说起食虫植物，不得不提到一个人，他就是达尔文。1875 年，查尔斯·达尔文发表了世界上第一篇有关食虫植物的论文，开辟了研究食虫植物的先河。

食虫植物的研究主要分为 3 个阶段。17—19 世纪，是描述阶段，人们对食虫植物进行了描述和命名；19—20 世纪，是经典研究阶段，人们研究了食虫植物为什么要食虫以及怎样食虫；20 世纪至今，是现代研究阶段，随着技术的发展进步，人们对食虫植物的捕虫机制和生态学问题的研究更加深入。

1972 年，国际食虫植物协会（ International Carnivorous Plant Society，ICPS ）成立。英国、日本、马来西亚等国家都有食虫植物研究协会，这些国家都对食虫植物进行了持续深入的研究。而我国在食虫植物研究方面尚有差距。国内 10 余家大中型植物园都没有大规模周期性地种植食虫植物，只有偶尔的临时展览。北京自然博物馆和中国食虫植物网做了大量的科普工作，中国科学院昆明植物研究所、大连自然博物馆等和其他一些机构做了一些科普和研究工作。

四、常见的食虫植物类群

食虫植物分布于 10 个科约 21 个属，有 630 余种。接下来我为大家介绍今天登场的 7 大选手——7 种常见的食虫植物类群。

（一）迷魂陷阱——猪笼草

首先登场的是具有"迷魂陷阱"之称的猪笼草（如图 1 所示），猪笼草是大家最熟悉最喜欢的食虫植物。大家看到猪笼草一般都会好奇它们的小笼子是怎么来的，其实它们的笼子是一种变态叶，是由叶子卷曲膨胀形成的。猪笼草的笼子上面有一个小盖子，有人说等猪笼草捉到虫子时小盖子就会盖上，其实不是这样，猪笼草的盖子是不会盖上的，它们主要是用来防雨水的，避免笼子里的消化液被雨水稀释。

猪笼草使用的是"陷阱型捕虫器"。猪笼草的捕虫器设计得极为完美，有四大捕虫绝技：第一，瓶口有蜜腺，可以吸引昆虫来，而且还具有麻醉

▲图1　猪笼草

功能，昆虫吃上一点就直接晕倒掉入笼体。除了蜜腺，有些猪笼草的瓶口还能反射紫外光来吸引昆虫。第二，猪笼草的笼体有特殊的结构，异常光滑，昆虫一旦掉落就再也爬不上来。第三，笼体中有恐怖的消化液，能将昆虫的肉体和外壳消化得一干二净。第四，猪笼草的笼底还设计有死亡尖角，昆虫挣扎得越厉害头扎进去就越深，越出不来。

全世界有70种猪笼草，我国仅有1种，它的名字叫奇异猪笼草，也叫中华奇异猪笼草，分布在海南和香港。它最典型的特点是身上有两根红色的线。它现在已经濒危了，需要我们的关注和保护。

有人说猪笼草养在家里可以捕捉苍蝇和蚊子。其实并不是这样的，猪笼草的特殊蜜腺更容易吸引蚂蚁。

（二）万丈深渊——瓶子草

二号选手是瓶子草（如图2所示）。瓶子草原产于西欧、北美和墨西哥，多生长于美国东部酸性沼泽地至东南部及墨西哥湾沿海平原，半耐寒，喜潮湿环境。野生的瓶子草多生长在开阔的沼泽地带，享受着直射的阳光和良好的通风条件。瓶子草原生只有9种，其中5种已列为濒危物种。中国没有瓶子草的自然分布。

有人认为瓶子草也属于猪笼草，其实它们是完全不同的两类植物。瓶子草的捕虫方式也是陷阱式的，瓶子草的陷阱是瓶子状的，大多比猪笼草的笼子更深，里面也会分泌出消化液，消化那些掉进去的昆虫，吸取养分供自己生长。

有一种黄瓶子草在人工培育下可以长得特别高大，其中有些个体高度可达1.2米。

▲图2 瓶子草

（三）致命夹子——捕蝇草

猪笼草和瓶子草抓捕猎物用的都是守株待兔的方式，不能主动出击，而三号选手捕蝇草（如图3所示）就不同了。捕蝇草在叶的顶端长有能够主动出击的致命夹子，形状酷似贝壳，当有昆虫在夹子上爬过时，夹子就能以极快的速度将其夹住，并消化吸收。捕蝇草的夹子是由叶子变态发育而来。

那么捕蝇草的夹子是怎么合上的呢？在捕蝇夹内侧有3对细毛，这些细毛便是捕蝇草的感觉毛，用来侦测昆虫。只有触碰到感觉毛两次，捕蝇草的夹子才会合上。捕蝇草也是非常聪明的，每合上一次夹子都需要消耗能量，所以不能太敏感，动不动就合上是不行的，太浪费能量。捕蝇草夹子开关的次数是有限的，一生只能开关大约 45 次。而太迟钝了也不行，那样就捕捉不到猎物了。所以小小的感觉毛就发挥了作用，捕蝇草就靠它来侦测敌情，该出手时才出手。

神奇的捕蝇草原产于北美洲，仅存于美国的南卡罗来纳州东南方的海岸平原及北卡罗来纳州的东北角，极度濒危。在其他地方都没有捕蝇草的自然分布。捕蝇草在全世界只有一种，就是在北美分布的那一种，但是现在我们在花卉市场上、植物园里会看到好多种捕蝇草，这是怎么回事呢？这就要讲到"种"和"品种"的关系。"种"是大自然产生的，而"品种"是人工培育出来的。

▲图3 捕蝇草

（四）水中夹子——貉藻

四号选手貉藻（如图4所示）和三号选手捕蝇草有相似之处，也有夹子，但它却生活在水中，捕食小型水生无脊椎动物。由于它的夹子是转着圈儿生长，像风车一样，所以也管它叫风车草。

▲图4　貉藻

貉藻曾有十几种，现在大部分都灭绝了，现生种仅知一种囊泡貉藻，被称为活化石。囊泡貉藻分布广泛，存在于欧洲、亚洲、非洲和澳大利亚，但也极其罕见，是国际濒危植物。非常幸运这种貉藻在我国的黑龙江有分布，是国家一级重点保护植物，被称为黑龙江瑰宝。原本我们国家30多年都没有见到这种貉藻了，都要宣布灭绝了，突然在2017年9月份传来了振奋人心的好消息，黑龙江七星河国家级自然保护区发现了囊泡貉藻，这个消息震惊了世界。

囊泡貉藻对水质要求高，本身具备净水功能。囊泡貉藻传播的方式非常特别，它们附着于鸟的脚上，随着鸟的迁徙而被带到别的地方，所以大部分囊泡貉藻都存在于鸟类迁徙的路线上。

（五）如胶似漆——茅膏菜

五号选手是达尔文最钟爱的食虫植物——茅膏菜（如图5所示）。茅膏菜在我国港台地区常称为毛毡苔。它的叶片密布着晶莹剔透的黏液，像露珠一样光彩夺目，然而对它的猎物而言，这些耀眼的光芒却是"致命"的，

▲图5 茅膏菜

因为这些"露珠"其实是茅膏菜腺体分泌的致命黏液,茅膏菜正是通过这些"露珠"来进行捕猎的。

每一片食虫叶都是一个精巧的陷阱,贪吃的小飞虫被致命的香甜气息引诱而来,一落到茅膏菜上就被"露珠"牢牢粘住(如图6所示)。当虫子慌乱挣扎时,会刺激叶片慢慢卷起,把虫子包裹起来,虫子就更加动弹不得了,只能等着被慢慢消化掉。这样的过程需要几个小时,消化完毕后叶片会重新展开,等待下一个猎物。

茅膏菜全属共有约250个原生种。它们形态各异,分布于世界各地。茅膏菜在我们国家种类挺多,这里重点介绍两种中国本土的茅膏菜。第一种是勺叶茅膏菜,又叫匙叶茅膏菜,分布在福建、广东、台湾等地,叶片呈倒卵形、勺形或楔形,因而得名勺叶茅膏菜。勺叶茅膏菜很好养,现在人工种植的很多,但它的野外种群很少,所以我们要关注它的野外保护。

第二种是光萼茅膏菜，它的叶子呈半月形或半圆形，产于我国南方地区，野生居多，尤以温州一带最多。

茅膏菜的提取物具有药用价值，可以解除局部肌肉痉挛。

▲图 6　茅膏菜捕食蝗虫

（六）黏黏多肉——捕虫堇

六号选手捕虫堇常被误认为是多肉植物，因为乍一看它长得的确和多肉植物很像，但它可不是多肉植物。捕虫堇捕捉猎物的方式和五号选手茅膏菜类似，它们都是靠黏液来捕虫的。那么它们有什么区别呢？茅膏菜粘到猎物后叶片会卷起来，把猎物消化掉。而捕虫堇的叶片像多肉植物一样，不会卷。它的叶片向内凹陷，这种结构有助于防止猎物逃脱。捕虫堇不能快速地消化猎物，为了防止猎物变臭发霉，它的叶片能分泌一种特殊的杀菌防腐物质。古时候欧洲人打仗时就用捕虫堇的叶子治疗皮肤溃烂。

捕虫堇全属共有 130 余种，主要分布于北半球温带及中南美洲高山地区。以墨西哥为主的中美洲一带种类最为丰富，超过 50% 的种类都可以在这里找到。

我们国家有两种捕虫堇：高山捕虫堇和北捕虫堇。高山捕虫堇开小白花，生活在海拔 3 000 米以上的山上，陕西、山西、四川、贵州都有。北捕虫堇仅分布在我们国家东北的大兴安岭地区，非常少见。

（七）气功大师——狸藻

气场不凡的七号选手来了！前六位食虫植物选手要么生活在陆地上，要么生活在水里，而这位选手则不同，在陆地和水里都有它的身影。它捕虫的时候不仅是主动出击而且还百发百中。它就是神奇的狸藻！狸藻在全世界各地均有分布，全世界约有 230 种狸藻，我国就有 19 种。

有一种狸藻在陆地生活，长得特别可爱，它们开的花就像一只小白兔一样，因此得名小白兔狸藻。小白兔狸藻原产于南非。

还有一种狸藻生活在水里，这种狸藻在我国就有，它们就是黄花狸藻。黄花狸藻没有根，随水漂流，一般有 1 米长，除花序外，都沉于水中。它们专门捕食在水里的小虫子。狸藻有一种特殊的捕虫囊，可以靠抽真空的方式把虫子吸入囊里。一棵狸藻最多能长出 1 200 个捕虫囊。真空的吸力很大，狸藻完成一次捕食最快只需百分之一秒，几乎是百发百中，非常厉害！那我们究竟在哪里可以看到黄花狸藻呢？在北京海淀区的翠湖湿地公园、圆明园和大家非常熟悉的奥林匹克森林公园就有黄花狸藻的身影。其实食虫植物就在我们的身边，只要你多多关注，细心观察，就能发现它们。

还有一类叫螺旋狸藻，它的根部像一个螺旋迷宫一样，土壤里面的小虫子被气味吸引，爬到迷宫里面就出不来啦。

七大选手总结

以上我为大家介绍了食虫植物 7 大选手，下面我们来总结一下它们的捕虫方式吧！第一种具有含消化酶或细菌消化液的笼状或瓶状捕虫器，对应的选手有猪笼草和瓶子草。第二种周身布满黏稠液滴的黏液捕虫器，对应的选手有茅膏菜和捕虫堇。第三种具有快速关闭的夹状捕虫器，对应的选手是捕蝇草和貉藻。第四种具有能产生真空而吸入猎物的囊状捕虫器，对应的选手是狸藻。第五种具有向内延伸的毛须而将猎物逼入消化器官的龙虾笼状捕虫器，对应的选手是螺旋貉藻。

哪个选手才是你心目中的食虫植物大咖呢？快快评选一下吧！

五、食虫植物的栽培与养护

最后我们来说一说食虫植物的栽培与养护。

现在市场上常见有红瓶猪笼草出售，但是我不建议北方人养猪笼草。猪笼草是热带植物，需要整体湿度，北方的气候干燥，很难达到猪笼草所需的湿度条件。那哪种食虫植物比较好养呢？茅膏菜、捕蝇草、瓶子草都是可以尝试的。勺叶茅膏菜就很好养，但买的时候，一定要确定它是人工培育的，千万不能是野生的，因为它是濒危植物，我们一定要保护它。具体应该怎样养护呢？

第一点，要用纯净水，雨水或空调水都行。如果用矿泉水、自来水，会导致食虫植物死掉。食虫植物原本就生活在贫瘠的地方，不能使用富含矿物质的水。

第二点，所有的食虫植物都特别喜欢光。虽然它有抓虫子的功能，仍然要靠光来进行光合作用。尤其是捕蝇草、茅膏菜、瓶子草，特别需要光。瓶子草如果缺光，颜色就不鲜艳了；茅膏菜如果缺光，就不分泌黏液了；捕蝇草如果缺光，它的夹子就会越来越小。

第三点，通常食虫植物都比较喜欢湿润的环境。一般建议大家用浸泡法来养，就是把种植食虫植物的小花盆泡在一个小盆中，保持 1~2 厘米的水位，平时补充水就可以了。

最后，还要注意给食虫植物通风哦!

总结起来就是四点：纯净水、喜阳光、控湿度、注意通风。

注：感谢王辰、陈朗、何悦提供图片。